HOLLY FARRELL

GÄRTNERN
FÜRS
MARMELADENGLAS

HOLLY FARRELL

GÄRTNERN
FÜRS
MARMELADENGLAS

Mit Fotos von **JASON INGRAM**

Aus dem Englischen übersetzt von Waltraud Kuhlmann

Haupt
NATUR

Inhalt

Aus dem Obstgarten

Aus dem Gemüsegarten

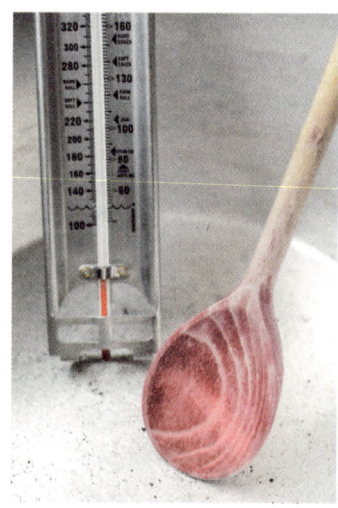

Einleitung

„Die Vorschrift lautet: ‚morgen Marmelade‘ aber niemals ‚heute Marmelade‘.“

„Nein, tut es nicht“, sagte die Königin. „Es heißt, ‚Marmelade jeden zweiten Tag‘“

Dieses Zitat aus Lewis Carrolls *Alice im Wunderland* bringt mich zwar immer ein wenig zum Schmunzeln, es lehrt mich aber auch das Fürchten. Eine Welt ohne Marmelade ist schrecklich. Was wären Toast, Kuchen oder Scones ohne Marmelade? Und weiter gedacht: ein Käse-Sandwich ohne Chutney oder ein Burger ohne Pickles? Was für eine traurige Welt! Spaß beiseite, eine Welt ohne Marmelade wäre völlig anders. Das Bestreben, Nahrung zu konservieren, ist uralt. Das Haltbarmachen entstand aus der Notwendigkeit heraus und diente dem Zweck, das im Sommer im Überfluss Geerntete zum Verbrauch in Zeiten knapper Nahrungsmittel im Winter zu erhalten und Abwechslung und Nährstoffe in den winterlichen Speiseplan zu bringen. «Durch Ernten unterbrechen wir – zumindest vorübergehend – den natürlichen Zerfall, den Verderb unserer Erträge, (…) Kochen, Einmachen, Einfrieren, Säuern (…) Zuckern – [sind] bewährte Techniken unserer Kultur, um dem natürlichen Fäulnisprozess vorzubeugen, geniale Hilfsmittel im ‹Küchengarten›», schreibt Michael Pollan in *Meine zweite Natur: Vom Glück, ein Gärtner zu sein.*

Heutzutage haben wir das Glück, einmachen zu können, weil wir es wollen, statt es zu müssen. Und dennoch wird das Marmeladekochen häufig etwas abschätzig belächelt. Oft gilt es als provinziell und engstirnig – als könne man sich nicht gleichzeitig für die Herstellung von Marmeladen und für internationale Angelegenheiten interessieren. Dieses Buch, mit dem ich Sie nicht nur zum Gärtnern, sondern auch zum Einmachen anregen möchte, wird das Image der Marmeladenküche jedenfalls nicht in Zweifel ziehen.

Vielmehr werden Sie, wenn Sie Marmeladen und Chutneys kochen – und die dafür benötigten Früchte und Gemüse selbst ziehen, – eine Verbundenheit mit den Jahreszeiten und der Natur erleben, über die man nicht die Nase rümpfen sollte. Da alle erdenklichen Obst- und Gemüsesorten aufgrund weltweiter Handelsbeziehungen ganzjährig verfügbar sind, geht uns schnell die bewusste Wahrnehmung des Laufs der Jahreszeiten verloren. Das süße, berauschende Fruchtaroma, das uns beim Öffnen eines Glases hausgemachter Marmelade aus eigenen Erdbeeren an einem trüben Wintertag in die Nase steigt, lässt uns auf den Sommer und die Fülle des Gartens hoffen. Daran reicht selbst eine frische, aber außerhalb der Saison gepflückte Erdbeere geschmacklich bei Weitem nicht heran: Nicht umsonst heißt es, Marmelade sei im Glas eingefangener Sonnenschein.

Eingemachtes hat immer etwas von den Menschen und dem Ort, von denen und an dem es hergestellt wurde. Die von einem Jahr zum anderen unterschiedlich ausfallenden Jahreszeiten sorgen für unterschiedliche Qualität der Früchte – selbst von ein und derselben Pflanze. Von der Anzahl der Sonnenstunden, den Regenmengen und zahlreichen anderen Faktoren hängt das Aroma einer Frucht oder eines Gemüses und somit der Geschmack des Konservierten ab. So wie es sich über die Jahrgänge edler Weine fachsimpeln lässt, kann man sich auch beim Öffnen eines Marmeladenglases die spektakuläre Himbeerkonfitüre aus dem Jahr 2003 ins

und ‚gestern Marmelade`,

„Es muss aber doch einmal so hinkommen,
dass es ‚heute Marmelade` gibt," widersprach
Alice.

‚Heute` ist ja nicht jeder ‚zweite` Tag."

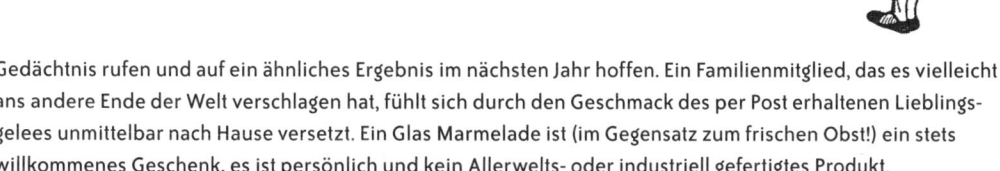

Gedächtnis rufen und auf ein ähnliches Ergebnis im nächsten Jahr hoffen. Ein Familienmitglied, das es vielleicht ans andere Ende der Welt verschlagen hat, fühlt sich durch den Geschmack des per Post erhaltenen Lieblingsgelees unmittelbar nach Hause versetzt. Ein Glas Marmelade ist (im Gegensatz zum frischen Obst!) ein stets willkommenes Geschenk, es ist persönlich und kein Allerwelts- oder industriell gefertigtes Produkt.

In meinen Anfängen als gärtnernde Marmeladenköchin war kein Obst und Gemüse vor mir sicher. Einerseits wollte ich nichts verkommen lassen, und andererseits tat ich es aus Freude am Konservieren. Das führte zu einer Menge von Gläsern mit Zucchinichutney, das mir nicht wirklich schmeckte. Heute bin ich wählerischer, denn es geht nicht darum, etwas anzupflanzen, was man eigentlich nicht mag. Und ist es dennoch geschehen, gibt es überhaupt keinen Grund, es einzumachen! Verschenken Sie es und bauen Sie es nicht mehr an!

Gärtnern und Konservieren sollten einander ergänzen wie zwei perfekt ineinandergreifende Kreisläufe. Das, was wir kultivieren und nicht essen können, wird konserviert, um später verzehrt zu werden, wenn die Pflanze keine Früchte mehr trägt: Wir vermeiden Abfall und dehnen die Erntezeit aus. Sind die Vorräte aufgebraucht, liefert die Pflanze im neuen Jahr wieder frische Früchte. Wer konserviert, hält Ernteschwemmen unter Kontrolle.

Es steckt natürlich mehr darin, etwas zu konservieren, als es nur länger haltbar zu machen. Obst oder Gemüse – ganz gleich welches – wandelt sich in einem alchemistischen Prozess in ein Nahrungsmittel um, das größer ist als die Summe seiner Inhaltsstoffe und etwas vollkommen anderes als die ursprüngliche Pflanze. Dabei kann man den reinen Geschmack unterstreichen oder vielschichtiger machen. In diesem Sinne konzentriere ich mich in diesem Buch voll auf meinen Garten und füge anstelle exotischer Gewürze wann immer möglich frische, eigene Zutaten wie Küchenkräuter und Blüten sparsam hinzu.

«Dann kam der Herbst, an Segensfülle groß…»
William Shakespeare (Sonett 97)

Schließlich mache ich Marmeladen, weil ich gierig bin. Es genügt mir nicht, die Erträge meines Küchengartens dann und wann zu genießen. Ich will mehr für später haben – und überschätze stets, wie viel ich über das Jahr hinweg tatsächlich essen kann (wobei das bedeutet, dass ich immer viel zum Verschenken habe). Eine Reihe Marmeladengläser mit appetitlich leuchtendem Inhalt auf dem Küchenregal macht so viel Freude wie eine Reihe reifes Gemüse im Garten: Morgen gibt's Marmelade *und* heute.

EIN WORT VORAB

Im Sinne des Ernte-Einmach-Ernte-Kreislaufs (und weil m. E. viele Marmeladen und Gelees nach etwa einem Jahr ihr frisches Aroma verlieren) habe ich in jedem Rezept die Mengen relativ gering gehalten. Ich denke auch, dass dies unseren modernen Nutzgärten, in denen mehr Wert auf Vielfalt als auf Quantität gelegt wird, besser entspricht.

Grundsätzlich galt für mich, dass das Obst oder Gemüse für die Rezepte absolut frisch und schmackhaft und die Zutaten einfach zu beschaffen sein müssen. Die Küchenkräuter, Blüten und Gewürze, die ich in einigen Rezeptvariationen vorschlage, unterstreichen das Aroma des Endproduktes m. E. am besten und sind überall erhältlich. Doch machen Sie das Beste aus Ihrem Garten: Ist eine Ihrer Pflanzen besonders vielversprechend, dann nutzen Sie die Chance!

Ebenso habe ich keine Rezepte für eher unübliche (doch immer häufiger zu findende) Beeren mit aufgenommen; so gibt es beispielsweise keine Rezepte für Blaue Heckenkirschen, Jostabeeren, Weiße Erdbeeren, Ananaserdbeeren und Fuchsienbeeren. Ich denke, sie werden eher aus Liebhaberei und nicht in hinreichenden Mengen zum Einmachen kultiviert. Steht Ihnen aber trotzdem bei einer dieser Sorten eine gute Ernte ins Haus, dann suchen Sie sich ein Rezept für eine Obstsorte, die dieser am nächsten kommt, und verwenden anstelle der im Originalrezept verlangten diese.

Ich sage nicht, dass Sie eine Pflanze ausschließlich zum Konservieren kultivieren sollen. Täten Sie es, wäre ich sogar enttäuscht, denn es entginge Ihnen der Genuss von frischem, saisonalem Obst oder Gemüse. Ich hoffe aber, dass Sie in den Kultivierungssteckbriefen einige neue Pflanzen für Ihren Garten entdecken, die Ihnen köstliche Früchte liefern. Sollte Ihre Ernte einmal nicht so üppig ausfallen, so fahren Sie zum nächsten Obstbaubetrieb, auf dessen Feldern man selbst pflücken darf, und stocken Sie die Menge auf.

Hinweise zu allgemeinen Themen wie Aussaat oder Gelierprobe finden Sie in den *Tipps für Gartenfreunde* (siehe S. 10) sowie in den *Tipps für Marmeladenköche* (siehe S. 24).

TIPPS FÜR GARTENFREUNDE

Vorbereitung

Am Anfang jedes Gartens steht der Boden. Je mehr Zeit Sie vor der Pflanzung in die Vorbereitung eines «Wohlfühlbodens» für Ihre Pflanzen stecken, desto reicher werden Sie entlohnt. Der Nutzgarten eines Marmeladenkochs tendiert zu Beerensträuchern und Obstbäumen, und für diese langfristigen Pflanzungen sollten Sie zunächst einmal den Boden richtig vorbereiten: Besser pflanzt man eine 50-Cent-Pflanze in ein 5-€-Loch als eine 5-€-Pflanze in ein 50-Cent-Loch.

DER BODEN

Es ist wichtig zu wissen, mit welcher Bodenart man es zu tun hat. Dazu kann man entweder selber einen Schnelltest machen oder eine Bodenprobe zur Analyse an ein landwirtschaftliches Labor senden (siehe *Weitere Infos*, S. 171). Lehmböden verkleben leicht und sind in der Hand zu Kugeln oder Würsten modellierbar. Sandiger Boden krümelt und klebt nicht oder nur sehr schwer zusammen. Die meisten Bodenarten sind irgendwo in der Mitte dieses Spektrums anzusiedeln, alle lassen sich jedoch durch eine jährliche (oder halbjährliche) Gabe von gut verrottetem organischem Material verbessern.

KOMPOST UND ANDERES ORGANISCHES MATERIAL

Organisches Material ist jedes abgebaute Material, das als Bodenverbesserer oder Pflanzmedium für Töpfe verwendet werden kann. Komposterde (selbst produzierte oder gekaufte) und gut verrotteter Dung- oder Champignonkompost sind die gebräuchlichsten Materialien. Man beachte, dass «organisches Material» nicht unbedingt biologisch sein muss, also frei von Pestiziden und anderen Chemikalien. Kaufen Sie stets Komposterde von bester Qualität. Der Einfachheit halber werden in diesem Buch sämtliche Sorten organischen Materials als «Komposterde» bezeichnet.

Bei Lehmböden sorgt organisches Material dafür, den Boden aufzulockern, sodass er leichter zu bearbeiten ist und nicht zusammenbackt und bei Trockenheit in harte Klumpen bricht. Bei sandigem Boden sorgt die Zugabe für eine längere Speicherung von Wasser und Nährstoffen im

Versorgen Sie den Boden mindestens einmal pro Jahr mit organischem Material. Es verbessert die Bodengesundheit und damit die Gesundheit Ihrer Pflanzen.

Boden. Für alle Böden bedeutet organisches Material ein Plus an Nährstoffen, Bodenflora und -fauna, die sämtlich für die Entwicklung eines gesunden Bodenökosystems, in dem Ihre Pflanzen gedeihen, unerlässlich sind.

BODENVORBEREITUNG FÜR DIE PFLANZUNG

Was die Bodenvorbereitung im Nutzgarten anbelangt, gibt es zwei Denkrichtungen: die der Umgraben-Befürworter und die der Umgraben-Gegner. Die Umgraben-Gegner raten, um das empfindliche Bodenleben nicht zu stören, es einfach in Ruhe zu lassen und den Boden lediglich jedes Jahr an der Oberfläche mit organischem Mulch zu bedecken. Derweil stellt die Fraktion der Umgraber jeden Winter das gesamte Saatbeet von Hand oder mit der Motorfräse auf den Kopf.

Viele Gärtner, darunter auch ich, streben einen Mittelweg an: Man belässt den Boden weitestgehend so, wie er ist, und greift erst dann zur Grabgabel, wenn er ein wenig durchlüftet werden muss. Gewiss lohnt es sich auch, neu angelegte Parzellen, ehemalige Rasenflächen oder neue Schrebergärten etwa, umzugraben, um mehrjährige Unkräuter zu beseitigen und einer Bodenverdichtung entgegenzuwirken. Anschließend sollte man den Boden möglichst wenig betreten und immer wieder organischen Mulch darauf verteilen.

1. Entfernen Sie sämtliches Unkraut und bringen Sie eine (etwa 10 cm) dicke Schicht organischen Mulchs auf dem Saatbeet aus.

2. Arbeiten Sie zinkentief organischen Mulch mit der Grabgabel in den Boden ein. Entfernen Sie noch verbliebene Wurzeln mehrjähriger Unkräuter, die beim ersten Durchgang übersehen wurden.

3. Harken Sie den Boden grob glatt. Stampfen Sie dann die Erde mit kleinen Trippelschritten fest. Auf diese Weise werden der Boden verfestigt (aber nicht verdichtet) und größere Hohlräume geschlossen. Pflanzenwurzeln würden in Hohlräumen bei Nässe verfaulen und bei Trockenheit vertrocknen.

4. Harken Sie den Boden nochmals, sodass die Oberfläche eben und feinkrümelig ist. Nun können Sie säen oder pflanzen.

HOCHBEETE, TÖPFE UND ANDERE PFLANZCONTAINER

Viele Obstbäume und Beerensträucher lassen sich problemlos in Hochbeeten und/oder Kübeln kultivieren, vorausgesetzt, dass diese mindestens 45 cm tief sind. Befüllen Sie Hochbeete mit einem Gemisch aus sterilisiertem Humus und Komposterde. Töpfe, Kübel und andere Pflanzcontainer befüllen Sie mit Gärtnerkompost, sofern darin keine Pflanzen gedeihen sollen, die sauren Boden lieben. In Hochbeeten und Kübeln kultivierten Pflanzen steht nur begrenzt Platz zur Verfügung. Wählen Sie für solche Gegebenheiten Gehölze, die sich zu Säulenobst, fächerförmigen oder waagerechten Spalieren ziehen lassen. Sie lassen anderen Pflanzen Raum und sind dennoch ertragreich.

Ein paar Tipps zur Anlage eines Küchengartens

- Versuchen Sie stets, einjährige und mehrjährige Pflanzen voneinander getrennt zu ziehen, damit das Bodenleben und Wurzelwerk der Mehrjährigen beim Pflanzen und Ernten der Einjährigen nicht gestört und verletzt wird.
- Die meisten Obst- und Gemüsepflanzen lieben vollsonnige Standorte, doch es gibt auch solche, wie z. B. die Johannisbeersträucher, die gerne halbschattig stehen. Falls Ihr Garten über Mauern zu verschiedenen Himmelsrichtungen verfügt, an denen Sie Obstbäume/Beerensträucher kultivieren können, pflanzen Sie Äpfel, Birnen, Rote Johannisbeeren und Stachelbeeren an der Nord- und Ostseite sowie Kirschen- und Pflaumenbäume an der Süd- und Westseite.
- Nutzen Sie den vorhandenen Platz effektiv. Beachten Sie dazu einige Prinzipien des Waldgartens (siehe *Weitere Infos*, S. 171): Die oberste Etage bilden die Obstbäume, darunter wachsen die Beerensträucher, und als Bodendecker pflanzen Sie Küchenkräuter und Blütenpflanzen wie Minze (*Mentha* sp.), Bärlauch *(Allium ursinum)* und Duftveilchen *(Viola odorata)*.

Obstbäume

Der Kauf eines Obstbaums ist eine Investition. Man tut also gut daran, die richtige Wahl zu treffen! Sich für eine Sorte zu entscheiden, macht Spaß, doch achten Sie auf die richtigen Befruchtersorten und darauf, dass die Unterlage zum Standort passt, ehe Sie Geld ausgeben.

Überlegen Sie auch, ob Sie einen wurzelnackten oder einen Baum im Container kaufen möchten. Containerware ist ganzjährig verfügbar, aber teurer. Wurzelnackte Bäume haben keinen Erdballen um die Wurzel – sie wurden in der Baumschule in einem Pflanztrog oder Beet mit lockerer Komposterde großgezogen. Der Baum wird dort entnommen, und man transportiert ihn mit den Wurzeln in einem Müllsack nach Hause (wurzelnackte Bäume sind auch im Online-Versandhandel erhältlich). Wurzelnackte bekommt man zwar nur während der Winterruhe, doch mitunter hat man mehr Sorten zur Auswahl als bei der Containerware.

UNTERLAGEN

Sämtliche Obstbäume sind gepfropft. Das bedeutet, dass jeder Baum aus zwei Teilen besteht: einer Unterlage (Wurzelsystem) und einem Pfropf- oder Edelreis (der Sorte, die auf die Unterlage aufgepfropft wurde). Die Eigenschaften der Unterlage (in der Regel die Wuchshöhe des Baums, wobei MM-Unterlagen zusätzlich Krankheitsresistenzen angezüchtet wurden) übertragen sich auf die Sorte des Edelreises. So könnte sich zum Beispiel das auf eine M25-Unterlage aufgepfropfte Edelreis eines 'Egremont Russet'-Apfels zu einem 6 m hohen Baum entwickeln, während es auf einer M27-Unterlage zu einem 1 m hohen Säulenobst gezogen werden könnte. Je schwächer wachsend die Unterlage, desto weniger wuchsfreudig und desto kleiner der spätere Baum. Für ein Säulenobst mit geringer Wuchshöhe sollte man also M27 und für ein etwas höheres M9 oder auch M26 wählen.

BEFRUCHTERSORTEN

Die verschiedenen Obstsorten blühen im Frühling nicht alle gleichzeitig. Damit Ihre Baumblüten befruchtet werden (und Sie Obst ernten können), muss in der Nähe ein anderer Baum stehen, der zur gleichen Zeit blüht. Für jede Obstart – Äpfel, Birnen, Pflaumen und Kirschen – gibt es zahlreiche Befruchtersorten. Für eine gute Bestäubung benötigt man entweder zwei Bäume der gleichen Sorte oder eine als Pollenspender geeignete Sorte.

Darüber hinaus sind einige Obstbäume und Obstbaumsorten selbstbefruchtend, d. h. sie benötigen zur Bestäubung keinen anderen Baum (lesen Sie hierzu auch die jeweiligen Kultivierungssteckbriefe).

Die Bestäubung kann aber auch auf andere Weise erfolgen: So kann ein Zierapfelbaum als Bestäuber für alle Apfelbäume dienen – und stehen in Ihrer direkten Nachbarschaft die gleichen Obstbäume wie bei Ihnen, funktioniert es auch.

STANDARDUNTERLAGEN UND IHRE VERWENDUNG		
Apfel	M27	Besonders schwach wachsend: kleiner Buschbaum, Säule, Stepover
Apfel	M9	Schwachwüchsig: kleiner Buschbaum, Säule
Apfel	M26	Mittelschwach wachsend: kleiner Buschbaum, Säule
Apfel	MM106	Mittelstark wachsend: kleiner Buschbaum, Spalier
Apfel	MM111	Mittelstark wachsend: Hochstamm, Buschbaum, Spalier, Fächer
Apfel	M25	Stark wachsend: Hochstamm
Kirsche	Gisela 5	Mittelschwach wachsend: kleiner Buschbaum, Fächer
Kirsche	Colt	Mittelstark wachsend: Hochstamm, Buschbaum, Fächer
Birne	Quitte C	Mittelschwach wachsend: kleiner Buschbaum, Säule, Spalier, Fächer, Stepover
Birne	Quite A	Mittelstark wachsend: Hochstamm, Buschbaum, Säule, Spalier, Fächer
Pflaume	Pixy	Mittelschwach wachsend: kleiner Buschbaum, Säule, Fächer
Pflaume	St Julien A	Mittelstark wachsend: Hochstamm, Buschbaum, Fächer

SPALIEROBST

An Spalieren gezogene Obstbäume sind überall dort ideal, wo wenig Raum zur Verfügung steht. Dennoch sind sie reich fruchtend. Man kann sie an einer Mauer ziehen (die dem Baum eine Extraportion Wärme spendet), an einem Zaun oder als frei stehenden Sichtschutz. Nähere Informationen finden Sie unter *Schneiden und Erziehen*, S. 16.

Die einfachste Form des Spalierbaums ist die Säule. Hierbei handelt es sich um einen einzelnen Hauptstamm mit sehr kurzen seitlichen Fruchtholztrieben. Bei einem doppelten Säulenbaum sind zwei Äste U-förmig gegabelt.

Stepover-Spaliere sind ideal, um Beeten einen Rahmen zu geben. Dazu kann man entweder einen Säulenbaum in nur eine Richtung ziehen oder einen Baum zwei Äste ausbilden lassen, die man waagerecht in entgegengesetzte Richtungen zieht.

Spalierbaum mit Hauptstamm und waagerecht gezogenen seitlichen Trieben.

Zu einem Fächer gezogene Bäume haben keinen emporwachsenden Hauptstamm, sondern zahlreiche, von einem kurzen Stamm ausgehende, diagonal gezogene Triebe.

Schneiden und Erziehen

In den Kultivierungssteckbriefen wird erläutert, welche speziellen Regeln für den Schnitt eines jeweiligen Gehölzes zu beachten sind und wie es erzogen werden kann. Im Übrigen gelten die folgenden allgemeinen Grundregeln.

DAS EINMALEINS DES GEHÖLZSCHNITTS

Ein Gehölzschnitt erfüllt die verschiedensten Zwecke: Er dient dem Zurückschneiden in der Höhe, der Förderung der Blütenbildung und des Fruchtansatzes sowie der Aktivierung und Erhaltung einer guten Wuchsform mit gesundem Fruchtholz, die Licht und Luft an die Pflanze lässt. Sich selbst überlassene Obstbäume und Beerensträucher produzieren durchaus einen Fruchtertrag, ein Gehölzschnitt maximiert ihn jedoch.

Von allen gärtnerischen Arbeiten ist der Gehölzschnitt die vom Gärtner meistgefürchtete Maßnahme. Doch keine Angst! Es kommt kaum vor, dass ein Gehölz aufgrund eines falschen Schnitts zugrunde geht. Das Schlimmste, was passieren kann, ist, dass es im Schnittjahr kein Obst gibt oder der Baum oder Strauch aussieht, als habe er eine schlechte Frisur erhalten. Und wie eine schlechte Frisur wächst sich auch ein schlechter Pflegeschnitt wieder aus.

Wenn Sie schneiden, schneiden oder sägen Sie stets direkt über einem Auge, einem Blatt oder einer Verzweigung. Auch im Winter sind Augen oder Knospen als Erhebungen auf dem Zweig, Ast oder Stamm erkennbar. Schneiden Sie möglichst direkt über dem Auge ab, aber schneiden Sie nicht hinein. Wer mit der Gartenschere schneidet, führt am besten gerade Schnitte aus. Schneiden Sie mit der Säge, belassen Sie dort einen kleinen Astring, d. h. einen kleinen Ansatz, wo der Ast am größeren Ast oder Stamm sitzt. Ist ein größerer Ast zu entfernen, führt man den Schnitt in drei Schritten aus, damit der Ast nicht ausreißt. Dazu schneidet man zunächst etwa 30 cm über der Stelle, an der sich der endgültige Schnitt befinden soll, unter dem Ast ein und schneidet ihn zur Hälfte durch. Anschließend sägt man den Ast etwas oberhalb dieses Schnitts von oben nach unten durch. Zum Schluss versäubern Sie den Ansatz zu einem sauberen Ring.

AUSPUTZEN

Vor weiteren Schnittmaßnahmen putzen Sie erst einmal tote, absterbende, kranke und doppelte Äste aus. Tote, absterbende oder kranke Äste werden mit einem bis mindestens 10 cm tief in das gesunde Holz hinein reichenden Schnitt beseitigt. Doppeläste, das sind sich überkreuzende, aneinander scheuernde oder parallel wachsende Äste, müssen auf eine angemessene Länge eingekürzt werden.

Schneiden Sie alle Äste direkt über einem Auge ab. Es fördert einen gesunden Neuaustrieb und verhindert hässliche Stummel.

SAISONALER PFLEGESCHNITT

Ein Gehölzschnitt im Winter dient dem Zurückstufen der Höhe und der Förderung des Neuaustriebs, der das entfernte überalterte Holz ersetzt. Ein zusätzlicher Schnitt im Sommer sorgt dafür, das Wachstum erzogener Wuchsformen einzuschränken und mehr Licht und Luft zur Fruchtreifung an die Pflanze gelangen zu lassen. Kirsch- und Pflaumenbäume schneidet man vor allem im Sommer, um die Ausbreitung von Krankheiten zu vermeiden. Die meisten anderen Obstsorten werden zumeist im Winter geschnitten, manche auch im Winter und im Sommer (lesen Sie hierzu auch die jeweiligen Kultivierungssteckbriefe).

FORMSCHNITT

Junge Obstbäume müssen in den ersten Jahren nicht häufig geschnitten werden. Einige frühzeitig ausgeführte strategische Schnitte sorgen jedoch für eine gute Gestalt in späteren Jahren. Bei allen Pflanzen ist der chemische Prozess der Apikaldominanz zu beobachten. Sie bedeutet, dass die End- oder Gipfelknospe am besten versorgt wird, damit sie schnellstmöglich zum Licht emporwächst. Durch das Entfernen dieser Knospe kann man den Prozess umlenken und einen mehrtriebigeren und buschigeren Wuchs fördern und somit eine bessere Form erzielen. Dazu kappt man den Stamm und sämtliche Äste nach der Pflanzung um etwa zwei Drittel ihrer Gesamtlänge und im Folgejahr um ein Drittel. Danach erfolgen die Gehölzschnitte wie bei einem erwachsenen Baum (siehe unten).

ERZIEHEN

Soll ein Obstgehölz in eine bestimmte Form – Spalier, Stepover, Säule oder Fächer (siehe *Spalierobst*, S. 15) – erzogen werden, muss man stets zuerst die Drähte spannen, ganz gleich, ob sie an einer Mauer oder zwischen Pfosten geführt werden. Befestigen Sie die Drähte mit Ösenschrauben und spannen Sie sie so straff wie möglich. In Reihe gepflanzte Säulenbäume und Stepover-Spaliere mit einzelnem Hauptstamm benötigen am Boden je mindestens 75 cm Abstand und Spalierbäume mit Hauptstamm und waagerecht gezogenen seitlichen Trieben sowie Fächerspaliere jeweils mindestens 3 m Abstand. Bei Spalierbäumen mit Hauptstamm und waagerecht gezogenen seitlichen Trieben sowie Fächerspalieren müssen die Äste im Abstand von 45 cm vertikal gezogen werden. Spannen Sie die Drähte stets waagerecht. Werden die Triebe diagonal gezogen (Säulen im 45°-Winkel oder Fächer), befestigen Sie in der Richtung, in die der Trieb geleitet werden soll, einen Bambusstab,

um den Trieb leichter aufbinden zu können. Dazu legen Sie dehnbare Hohlschnur in einer achtförmigen Schlaufe um Trieb und Draht.

Neue Triebe werden im Zuge des Gehölzschnitts im Winter und Sommer gebunden. Kontrollieren Sie dabei auch alle Knoten aus dem letzten Jahr und binden Sie neu oder lockern Sie die Knoten bei Bedarf. Haben Sie Geduld – das Formen von Spalieren dauert seine Zeit, doch es lohnt sich, es richtig zu machen. So kann man etwa eine weitere Etage nur einmal pro Jahr bilden. Schneller geht's, wenn Sie einen bereits zum Spalier vorgeformten Baum erwerben. In einem solchen Fall müssen Sie allerdings prüfen, ob es sich um mehrjähriges Holz handelt (schauen Sie sich die erfolgten Schnittmaßnahmen an) oder ob nur einjähriges Holz an ein Gerüst gebunden wurde, was letztendlich nicht so produktiv wäre.

GEHÖLZSCHNITT BEI ERWACHSENEN BÄUMEN

Nachdem totes, absterbendes und krankes Holz ausgeputzt wurde, dient jede weitere Schnittmaßnahme an einem frei stehenden Baum dem Aufbau einer guten Gestalt. Angestrebt wird ein trichterförmiger Wuchs aus vier oder fünf größeren Ästen und eine lichte Mitte für eine gute Luftzirkulation. Entfernen Sie keinesfalls mehr als ein Viertel des Gesamtzuwachses gleichzeitig.

Erzogene Gehölze werden im Sommer geschnitten. Der Sommerschnitt schränkt ihr Wachstum stärker ein als ein Rückschnitt im Winter. Kürzen Sie jeden aus dem Hauptstamm wachsenden seitlichen Trieb bis auf drei Augen ein und kappen Sie die Spitzen jener Triebe, die die Drahtenden erreicht haben. Hilfreich ist auch eine kleine Pflegemaßnahme im Winter zum Ausdünnen dichter Seitentriebbüschel.

Beseitigen Sie in der Mitte wachsende Triebe für eine bessere Luftzirkulation.

Säen und Pflanzen

GRUNDREGELN

Von der Größe des Saatkorns hängt ab, wie es gesät wird. Allgemein gilt, dass Samenkörner in 2- bis 3-facher Samenstärke mit Komposterde bedeckt werden. So werden kleine Samenkörner nur leicht mit Erde bedeckt und sehr kleine auf dem Boden breitwürfig verteilt. Mittelgroße und große Saatkörner drückt man tiefer in den Boden hinein.

Wer laufend ernten möchte, bringt Folgesaaten aus, muss jedoch dafür sorgen, dass die Mengen zum Konservieren reichen. Oft wird ein Nachsäen im Abstand von zwei Wochen empfohlen, besser macht man die Nachsaat jedoch von der Keimung abhängig. Sowie die erste Partie aufgegangen ist und die ersten Laubblätter ausgebildet wurden (das ist das zweite Blattpaar. Das erste nach der Keimung gebildete Blattpaar sind die Keimblätter, deren Aussehen nichts mit den Blättern der ausgereiften Pflanze gemein hat), sollte man nachsäen. Diese Methode berücksichtigt die Launen der Natur und sorgt für einen gleichmäßigeren langfristigen Ertrag.

Beachten Sie stets die auf den Samentütchen angegebenen jeweiligen Kulturanleitungen, wie etwa das Vorquellen der Samen vor der Aussaat. Gießen Sie darüber hinaus den Boden oder die Komposterde lieber ausgiebig vor der Aussaat statt nachher, damit das Saatgut nicht weggeschwemmt wird.

DIREKT INS FREILAND AUSSÄEN

Es ist bei Weitem am einfachsten, direkt an Ort und Stelle zu säen. Das gilt auch für Wurzelfrüchte und andere Pflanzen wie Möhren und Zuckermais, die es nicht gerne haben, wenn ihre Wurzeln verletzt werden.

Beim Aussäen direkt im Freien gibt es zwei Techniken, die Reihen- und die Lochsaat. Bei der Reihensaat zieht man lange Saatfurchen oder -rillen, aus denen man die Erde (bis auf die erforderliche Tiefe – siehe *Grundregeln* oben) wegschiebt und in die hinein man das Saatgut fein («dünn») verteilt und wieder mit Erde zuschiebt. Diese Methode empfiehlt sich für Pflanzen wie Möhren und Rote Bete, die man als Jungpflanzen verzieht und bei denen man die ausgezogenen Pflänzchen in der Küche verwenden kann.

Die Samen von Pflanzen mit großem Platzbedarf wie Zuckermais, Kürbis und Blumenkohl legt man besser in Saatlöcher. Mit einem Pflanzholz (ein Bleistift eignet sich gut dazu) macht man ein Pflanzloch der richtigen Tiefe und legt einzelne oder mehrere Samen hinein und bedeckt sie mit Erde. Den Boden hält man bis zur Keimung feucht.

Reihensaat

Lochsaat

UNTER FOLIE AUSSÄEN

Pflanzen wie Tomaten und Gurken, die früh vorgezogen werden müssen und erst nach den letzten Frösten ausgepflanzt werden dürfen, müssen unter Folie, im Gewächshaus oder auf einem warmen Fensterbrett ausgesät und angezogen werden. Am besten sät man solche Samen in die kleinen Boxen einer Anzuchtschale, sodass sich jedes Pflänzchen in einem kleinen Erdballen verwurzeln kann. Wird es schließlich umgetopft oder ausgepflanzt, werden die jungen Würzelchen durch den Erdballen geschützt und sind so sicher vor Verletzungen. Man kann Anzuchtschalen aus Kunststoff kaufen, die man mit Komposterde befüllt, oder mithilfe einer Papiertopfpresse Anzuchttöpfchen selber machen (siehe Kasten S. 20). Verwenden Sie spezielle Anzuchterde oder gesiebten Gärtnerkompost, denn die Pflänzchen gedeihen am besten in klumpenfreiem Substrat.

Decken Sie die Anzuchtschalen/Töpfchen mit transparenter Plastikfolie ab, um die Wärme zu halten und die Keimung zu fördern. Entfernen Sie die Folie, sobald die Keimlinge zu sprießen beginnen, um übermäßige Feuchtigkeit und damit Fäulnis zu verhindern.

VERZIEHEN UND UMTOPFEN

Fällt die Beseitigung potenzieller Pflanzen auch schwer, so ist das Verziehen dennoch für ein gesundes und starkes Wachstum nötig, sodass die Pflanzen eine respektable Ernte liefern. Verziehen Sie in jeder Box, jedem Anzuchttöpfchen oder Pflanzloch auf das stärkste Pflänzchen, wobei ein kurzer, stämmiger Sämling besser ist als ein langer dürrer. Verziehen Sie die Sämlinge einer Reihensaat sukzessive bis auf die endgültigen Abstände.

Unter Folie gezogene Sämlinge wachsen in der Regel aus den Boxen oder Anzuchttöpfchen heraus, ehe sie ins Freie gepflanzt werden können. Man sollte sie deshalb in eigene kleine Töpfe umtopfen (9-cm-Töpfe sind ideal). Gärtnerkompost eignet sich in dieser Phase optimal. Seien Sie beim Umtopfen behutsam und halten Sie nur den Wurzelballen und das Blattwerk, nicht jedoch den zarten Stängel des Sämlings. Anzuchttöpfchen aus Papier können samt und sonders in einen größeren Topf wandern, doch achten Sie darauf, dass kein Papier aus der Topferde herausragt (ggf. etwas abreißen). Es könnte wie ein Docht Feuchtigkeit von den Wurzeln wegleiten. Gießen Sie nach dem Umtopfen reichlich.

Topfen Sie die Sämlinge vor dem Auspflanzen ins Freie in größere Töpfe um, damit sie mehr Platz zum Wachsen haben.

WIE MAN ANZUCHTTÖPFCHEN AUS PAPIER HERSTELLT

1. Umwickeln Sie die Topfpresse mit langen Zeitungsstreifen. Sie bilden die Topfwandung und müssen am Ende nicht verklebt werden.

2. Falten Sie die Papierunterkante über den Topfpressenboden um und streichen Sie den Boden glatt. Ziehen Sie den Topf von der Presse ab.

3. Befüllen Sie die Töpfchen mit Komposterde und gießen Sie sie. Säen Sie dann das Saatgut hinein. Später können die Töpfchen samt Papier und Inhalt umgetopft werden.

ABHÄRTEN

Zarte Jungpflänzchen, ganz gleich ob selbst gezogene oder gekaufte, können ins Freie oder einen größeren Topf gepflanzt werden, sobald keine Frostgefahr mehr herrscht. In der Regel ist das im späten Frühjahr oder Frühsommer der Fall. Zuvor müssen Sie Ihre Pflanzen jedoch abhärten, indem Sie sie in ihren Töpfen etwa eine Woche lang tagsüber, und vor dem endgültigen Auspflanzen auch einige Nächte, nach draußen stellen. So gewöhnen sie sich an die kühleren Temperaturen und erleben keinen Schock, auf den sie eine Zeit lang mit Wachstumsstockungen reagieren könnten.

PFLANZEN INS FREILAND AUSPFLANZEN

Für junge Gemüsepflanzen machen Sie in jenen Abständen Löcher in den Boden, wie sie in den jeweiligen Kultivierungssteckbriefen empfohlen werden. Setzen Sie dann in jedes Loch eine Pflanze und füllen Sie das Loch um den Wurzelballen mit der ausgehobenen Erde wieder auf. Die Wurzelballen dürfen nicht zu locker im Boden resp. in der Komposterde sitzen. Drücken Sie den Boden dennoch nicht um den Stammansatz herum an, die zarten Wurzeln könnten abreißen. Gut angießen und etwa eine Woche lang gießen, bis die Pflanze an ihrem neuen Standort gut eingewurzelt ist.

Bei reiferen Pflanzen, wie z. B. Topfkräutern, heben Sie in etwa 1 ½-facher Topfgröße ein Loch aus und pflanzen Sie sie wie oben beschrieben.

OBSTSTRÄUCHER UND -GEHÖLZE PFLANZEN

Wässern Sie wurzelnackte Pflanzen vor der Pflanzung etwa zwölf Stunden in einem Eimer Wasser. Gießen Sie Containerware ausgiebig. Heben Sie im Verhältnis zur Topfgröße oder zum Wurzelumfang (bei wurzelnackten Pflanzen) eine zweimal so große, jedoch nicht viel tiefere Pflanzgrube aus. Ist die Sohle der Grube zu kompakt, lockern Sie sie ein wenig mit der Grabgabel. Wenn der Topfballen einer Containerpflanze zu stark durchwurzelt ist, versuchen Sie, den Filz aufzurauen, damit die Pflanze gut anwachsen kann. Es gibt Baumschulen, die Mykorrhiza-Pilzsubstrat empfehlen. Dabei handelt es sich um ein Pulver, das der Pflanze angeblich hilft, sich schneller im Boden zu verwurzeln. Bei einem ohnehin gesunden Boden ist das Produkt wahrscheinlich überflüssig, doch wenn Sie es verwenden, muss es direkt auf die Wurzeln gerieben werden, andernfalls funktioniert es nicht.

Jungen Obstgehölzen tut es gut, zumindest im ersten Jahr – vor allem wenn sie an exponierter Stelle stehen – an einen Stützpfahl gebunden zu werden, damit der Stamm nicht

Wurzelnackte Pflanzen trocknen auf dem Transportweg aus. Wässern Sie sie daher vor dem Einpflanzen in einem Eimer Wasser.

Schädlinge, Krankheiten und andere Probleme

Die meisten Risiken für einen Schädlingsbefall oder eine Infektion können durch ein gesundes Saatbeet vermieden werden. Ein funktionierendes Bodenökosystem sorgt für die Gesunderhaltung der Pflanze von unten, sodass sie die aus dem unterirdischen Bereich kommenden Schädlinge und Krankheiten aus eigener Kraft abwehren kann. Graben Sie möglichst wenig um (siehe *Bodenvorbereitung* für die Pflanzung, S. 12) und arbeiten Sie mindestens einmal pro Jahr qualitativ hochwertige Komposterde ein. Im oberirdischen Bereich müssen Sie alte Pflanzenteile beseitigen und Unkraut bekämpfen, damit die Pflanze Licht und Luft bekommt. Wichtig sind auch saubere Töpfe und Gartengeräte.

Richtiges Wässern und gute Nahrung verhindern, dass eine Pflanze gestresst wird. Schwache Pflanzen werden eher von Schädlingen und Krankheiten befallen als kräftige. Schauen Sie sich die Pflanzen beim Kauf genauestens an (nehmen Sie sie aus dem Topf, um auch die Wurzeln zu kontrollieren) und kaufen Sie nichts, was nicht hundertprozentig gesund zu sein scheint. Achten Sie beim Kauf im Online-Versandhandel darauf, dass der Händler eine umfassende Qualitätsgarantie mit Rückgaberecht gewährt, damit Sie mangelhafte Ware zurücksenden können.

Machen Sie sich außerdem die Natur zunutze. Schädlinge gibt es in jedem Garten. Der Trick ist, ihren natürlichen Feinden Unterschlupf zu gewähren und in einem gewissen Maße die Schäden zu dulden, um genug von der Schädlingspopulation für die Feinde zu erhalten. Vögel, Käfer (Marienkäfer und Schwebfliegen etwa) und Amphibien (Frösche, Kröten und Molche) – sie alle sind Verbündete im Kampf gegen Blattläuse und Schnecken. Schaffen Sie also einen vielfältigen Lebensraum mit zahlreichen Blütenpflanzen, Rückzugsmöglichkeiten und sogar einem kleinen Teich, damit sich alle wohlfühlen.

Wenn Sie Spritzmittel verwenden, müssen Sie die Wartezeit, den Zeitraum zwischen Behandlung und Ernte, einhalten. Auf Blütenpflanzen wie Rosen, die Sie zu pflücken beabsichtigen, dürfen Sie sie nicht anwenden.

Schlussendlich geht nichts über ständige Wachsamkeit und schnelles Reagieren. Sowie Sie einen Krankheitsherd feststellen, handeln Sie. Die prompte Beseitigung infizierter Äste oder auch nur eines einzelnen infizierten Blattes kann eine Infektion oder einen Befall zum Stillstand bringen.

Weiterführende Literatur zu Schädlingen und Krankheiten, die für bestimmte Pflanzen spezifisch sind, und wie man sie bekämpft, finden Sie unter *Weitere Infos* (S. 171).

umknickt. Schlagen Sie einen stabilen Pfahl in die Pflanzgrube und passen Sie den Baum möglichst nah am Baumpfahl ein. Der Baumpfahl sollte so weit möglich in Hauptwindrichtung positioniert werden, doch darf er aus optischen Gründen auch einmal anders stehen. Binden Sie den Baum mit Baumbindeband am Pfahl fest und kontrollieren Sie regelmäßig, ob die Bindung gelockert werden muss, wenn der Baum wächst.

Setzen Sie die Pflanze so in das Loch, dass die Ballenoberkante mit dem Erdboden bündig abschließt. Füllen Sie das Loch um die Wurzeln/den Wurzelballen herum mit der ausgehobenen Erde und treten Sie sie mit dem Fuß gut und sauber fest. Anschließend die Fläche harken und sehr ausgiebig gießen. Auch in den nächsten Wochen immer gut feucht halten (ggf. den Boden kontrollieren), bis die Pflanze angewachsen ist. Mit Komposterde gemulcht, bleibt der Boden feucht.

Heben Sie für Containerpflanzen das Pflanzloch im Verhältnis zum Umfang des Topfballens etwa zweimal so groß aus.

Sonstige Gartentätigkeiten

GIESSEN

Fürs richtige Gießen gilt eine einzige simple Regel: Immer erst den Boden kontrollieren. Nur dann können Sie wissen, wie viel Wasser die Pflanze benötigt. Hinschauen allein genügt nicht: Eine trockene Oberflächenkruste kann die darunter befindliche Feuchtigkeit verdecken oder ein kurzer Regenguss die Oberfläche zwar benetzt haben, aber nicht tief genug eingedrungen sein. Das Gleiche gilt für Töpfe. Allgemein sollten Sie feuchte, doch keine nasse Erde anstreben (wenngleich die Erde/Komposterde unmittelbar nach dem Gießen natürlich nass ist). Vor allem ist es wichtig, die Erde nicht austrocknen zu lassen, wenn die Pflanze blüht oder Früchte entwickelt, da die Blüten vorzeitig abfallen und die Früchte unregelmäßig wachsen können.

Stecken Sie den Finger in die Erde oder Komposterde, um festzustellen, ob Sie gießen müssen. Falls dem so ist, wässern Sie die Erde stets gründlich, auf diese Weise müssen Sie weniger häufig gießen. Ein kleiner Spritzer ist nicht nur schnell aufgesaugt oder verdampft, sondern regt auch die Wurzeln an, nach oben zu wachsen, wo sie nur umso schneller vertrocknen. Wässern Sie eher die Erdoberfläche als die Pflanze, die Wurzeln benötigen das Wasser, nicht die Blätter, und zu viel Nässe auf dem Blattwerk kann Feuchtigkeit verursachen, die Krankheiten fördert.

NÄHRSTOFFE

Den meisten Pflanzen kommen extra Nährstoffgaben zugute – sei es jährliches Mulchen mit Komposterde oder sei es vierzehntägig gegebener Flüssigdünger. Obstbäume und Beerensträucher werden am besten gemulcht, einjährige Gemüsesorten besser gedüngt, doch halten Sie sich an die Informationen in den jeweiligen Kultivierungssteckbriefen. In Töpfen und Kübeln kultivierte Pflanzen verlangen mehr Dünger als solche im Beet, jedoch nur von Frühling bis Spätsommer. Gießen Sie wenigstens bei jedem vierten Gießvorgang nur mit Wasser, damit sich im Boden keine Salze anreichern.

Langzeitdünger ist meist granulatförmig. Harken Sie ihn in die Bodenoberfläche ein oder mischen Sie ihn beim Pflanzen mit der ausgehobenen Erde. Vermeiden Sie Düngestäbchen, die man in die Erde steckt, sie zersetzen sich nicht wie versprochen. Für eine sofortige Wirkung sollte man auf Flüssigdünger zurückgreifen, den man während der Wachstumsperiode regelmäßig gibt. Halten Sie sich an die Dosierungsangaben des Herstellers auf der Packung oder Flasche und seien Sie nicht versucht, die Dosis zu erhöhen, denn durch Überdüngen können Sie die Pflanze vergiften. Sowohl granulatförmige als auch flüssige Dünger gibt es auch in biologischer Form.

JÄTEN

Unkräuter sind entweder einjährige Pflanzen, die innerhalb eines Jahres keimen, blühen, Samen tragen und absterben, oder mehrjährige Pflanzen, die Jahr für Jahr wiederkehren. Einige «Übeltäter» sind sogar ephemere, d. h. kurzlebige annuelle Pflanzen, die innerhalb einer Vegetationsperiode mehrere Generationen von Blüten und Samen bilden. Ist man in der Lage, Unkräuter zu identifizieren, wird man auch besser mit ihnen fertig. Einige der verbreitetsten Unkräuter und deren Wachstumsgewohnheiten sind auf der gegenüberliegenden Seite aufgeführt.

Bei den annuellen Unkräutern kommt es beim Jäten vor allem darauf an, die Blüte zu verhindern. Man kann sie aushacken, je früher, desto besser, oder von Hand ausziehen. Und sind sie erst einmal ausgemerzt, braucht man sich keine Sorgen mehr zu machen. Mehrjährige Unkräuter entwickeln hingegen ausgedehnte Wurzelsysteme, was bedeutet, dass man längst nicht die ganze Pflanze vernichtet, wenn man ihr nur den Kopf abreißt. Sie wird immer wiederkehren, solange Sie nicht die ganze Wurzel entfernt haben. Das kann bedeuten, dass Sie sehr tief graben müssen (falls Sie keine Unkrautvernichter anwenden wollen), sofern Sie sie nicht gleich beim ersten Erscheinen beseitigen.

Bleiben Sie bei dieser äußerst wichtigen Arbeit immer am Ball – zupfen Sie mal fünf Minuten hier, mal fünf Minuten dort, damit es Ihnen nicht zur Last wird. Wenn Sie das Unkrautzupfen als Gelegenheit betrachten, um nebenbei nach der Gesundheit Ihrer Pflanzen zu schauen, werden Sie Schädlingen und Krankheiten umso früher beikommen können (siehe *Schädlinge, Krankheiten und andere Probleme*, S. 21). Beseitigen Sie alle Unkräuter stets, bevor sie blühen, Samen ansetzen und sich im Garten breit machen. Ist Ihre Zeit knapp, zwicken Sie vorerst nur die Blüte aus und erledigen Sie den Rest später. Unkraut kann man auch unterdrücken, indem man auf nackten Boden erst einmal Bodendecker pflanzt (siehe *Ein paar Tipps zur Anlage eines Küchengartens*, S. 13).

VERBREITETE UNKRÄUTER

Gemeiner Löwenzahn *(Taraxacum officinale)*: mehrjährig

Stumpfblättriger Ampfer *(Rumex obtusifolius)*: mehrjährig

Kriechender Hahnenfuß *(Ranunculus repens)*: mehrjährig

Einjähriges Rispengras *(Poa annua)*: einjährig oder ephemer

Gartenschaumkraut *(Cardamine hirsuta)*: einjährig oder ephemer

Gemeines Kreuzkraut *(Senecio vulgaris)*: einjährig

Große Brennnessel *(Urtica dioica)*: mehrjährig

Weißer Gänsefuß *(Chenopodium album)*: einjährig

Ackerschachtelhalm *(Equisetum arvense)*: mehrjährig

TIPPS FÜR MARMELADENKÖCHE

- *Konfitüre:* Wird wie Marmelade aus ganzen Früchten hergestellt. Die Früchte lässt man in Zucker mazerieren und kocht sie nur kurz, sodass die Konfitüre zu einer weicheren Konsistenz mit weitgehend unversehrten Früchten geliert.

Begriffe

Frei übersetzt nach Shakespeare: Was ist schon ein Name? Eine Marmelade würde unter einer anderen Bezeichnung genauso süß schmecken. Bei jedem selbst konservierten Lebensmittel handelt es sich um eine Variation von mit Zucker oder Essig gekochtem Obst oder Gemüse, doch um keine Verwirrung aufkommen zu lassen, habe ich hier meine Definitionen für die in diesem Buch genannten Kreationen aufgeführt.

- *Kompott:* Kompott hat den niedrigsten Zuckergehalt aller Süßkonserven und muss daher im Kühlschrank aufbewahrt und innerhalb weniger Tage verzehrt werden. In der Regel handelt es sich um gedünstetes Obst.

- *Marmelade:* Der einfachste aller Aufstriche wird aus Früchten und Zucker gekocht, bis er zu einer weichen Konsistenz geliert. In der Regel werden zunächst nur die Früchte gekocht, dann rührt man den Zucker unter und kocht die Mischung, bis der Gelierpunkt erreicht ist.

- *Fruchtcreme* oder *Curd:* Eine gekochte, dickliche Obstcreme, meist aus Zitrusfrüchten und Eiern, die im Kühlschrank gelagert etwa einen Monat haltbar ist.

- *Englische Marmelade:* Eine Marmelade, die in der Regel Zitrusfrüchte und mitunter auch ihre Schalen enthält, die durch eine lange Kochzeit weich werden. Die Süße einer guten englischen Marmelade hat eine bittere Note.

- *Käse:* Eine feste Marmelade, die so stark gekocht und getrocknet wird, dass man sie in eine Form füllen und in Scheiben schneiden kann.

- *Sirup:* Der einfachste Sirup ist eine Zuckerlösung, in der man zum Aromatisieren Kräuter oder Blüten ziehen lässt. Sirupe werden auch aus Fruchtsaft, üblicherweise aus Beerenfrüchten, hergestellt.

- *Gelee:* Hat eine ähnliche Konsistenz wie Marmelade, wird jedoch nur aus Fruchtsaft hergestellt, sodass ein klares, glattes Produkt entsteht.

- *Ketchup:* Traditionell eine Soße, die aus einer einzigen Gemüse- oder Obstsorte hergestellt wird. Die mit Essig gekochte Masse wird durch ein Sieb passiert, damit sie eine glatte Konsistenz erhält. Moderne Ketchups enthalten mitunter mehr als nur eine einzige Gemüse- oder Obstsorte.

- *Pickles:* In gesalzenem oder gesüßtem Essig konserviertes Obst oder Gemüse. In der Regel die hübschesten der pikanten Konserven.

- *Relish:* Ein Relish kann zwar nahezu die gleichen Zutaten haben wie ein Chutney, sie werden jedoch nur kurz gekocht, damit sie mehr Biss behalten. Ein Relish ist nicht so lange haltbar wie ein Chutney.

- *Chutney:* Von den pikanten Konserven müssen Chutneys am längsten köcheln. Sie schmecken süß-sauer und haben eine klebrig-zähe Konsistenz. Sie müssen vor dem Verzehr etwas durchziehen. Ich tendiere mehr zu einem stückigen Chutney als zu einer amorphen Masse sowie zu nur einer Obst- oder Gemüsesorte, statt eines «Quer-durch-den-Garten-Chutney».

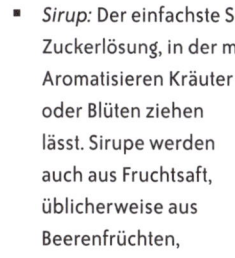

Zutaten aus eigener Ernte

VORBEREITEN DER ERNTE

Je zügiger Sie Ihr Obst oder Gemüse nach dem Ernten verarbeiten, desto besser. In allen Rezepten wird davon ausgegangen, dass die Früchte kalt gewaschen, auf einem Küchentuch getrocknet und verlesen wurden (Blätter, Stiele und Tierchen entfernen). Meist beziehen sich die Gewichtsangaben auf das Bruttogewicht, sodass die Früchte ggf. noch geschält, entstielt, entsteint, entkernt sowie von Blatt- und Wurzelansatz befreit werden, in einigen Fällen wird das Nettogewicht angegeben.

Nehmen Sie es bei den Gewichtsangaben in Bezug auf Obst oder Gemüse nicht übergenau. Ich nehme immer ein paar Gramm mehr, damit ich die schlechten Stellen, die ich beim Schneiden noch entdecke, wegwerfen kann, und wenn ich keine finde, esse ich eben ein wenig davon!

FRÜCHTE EINFRIEREN

Einige Obstsorten lassen sich gut tiefkühlen. So kann man die Früchte eine Zeit lang konservieren, bis man Zeit fürs Marmeladekochen hat oder entschieden hat, was man aus ihnen

Bei diesem Zierapfelbaum handelt es sich um *Malus x moerlandsii* 'Profusion'.

machen möchte. Falls Sie Marmelade aus gefrorenen Früchten kochen, sollte ihr Gewicht dem der angegebenen Frischware entsprechen. Außer Erdbeeren lassen sich sämtliche Beeren, auch Johannisbeeren und Chilis, gut einfrieren. Breiten Sie die gewaschenen und getrockneten Früchte so auf einem Backblech aus, dass sie einander nicht berühren und stellen Sie sie für 24 Stunden ins Gefriergerät. Danach schieben Sie sie mit einem Schaber vom Blech und geben sie für eine längere Lagerung in einen Gefrierbeutel oder luftdichten Gefrierbehälter. Wenn Sie später Marmeladen und Gelees kochen, können die Früchte direkt aus der Gefriertruhe verwendet werden (das Erhitzen bis zum ersten Aufwallen dauert nur etwas länger als bei frischem Obst). Werden sie vorher aufgetaut (was z. B. bei Fruchtcremes die bessere Alternative ist), verwenden Sie nicht nur die Früchte, sondern auch den Saft.

PEKTINGEHALT

Was viele vielleicht vom Marmeladekochen abhält, ist der dahinter verborgene chemische Prozess. Damit eine Marmelade oder ein Gelee gut geliert und haltbar ist, müssen Frucht-, Zucker-, Säure- und Pektingehalt im richtigen Verhältnis zueinander stehen. Pektin ist eine natürliche Substanz der Frucht, die vor allem in den Kerngehäusen, aber auch in Steinen und Samenkernen enthalten ist. In Kombination mit Säure – wie sie in Fruchtsaft enthalten ist – und Zucker geliert das Pektin. Pektinarmen Früchten, Erdbeeren etwa, wird zur Förderung des Gelierens häufig Zitronensaft zugegeben. Alternativ kann man flüssiges Pektin oder Pektinpulver kaufen sowie Gelierzucker (das ist Zucker, dem Pektin zugesetzt ist). Die Rezepte in diesem Buch sind so konzipiert, dass Geliermittel möglichst vermieden werden.

ZESTEN UND ABRIEB

Den wunderbaren Duft, der uns beim Abziehen von Zitruszesten in die Nase steigt, verdanken wir den in der äußersten Fruchtschale der Zitrusfrüchte enthaltenen ätherischen Ölen. Versuchen Sie, möglichst viel davon in Ihr Kochgut hineinzubringen – Sie können entweder mit einem Zestenreißer direkt über dem (oder gar im) Topf oder mit einer Vierkantreibe arbeiten, aus der Sie den Abrieb herauskratzen. Reiben Sie die Schale immer sehr fein, wenn nicht anders angegeben. Die Schale, falls benötigt, wird am besten mit einem kleinen scharfen Messer von der Frucht geschält. Achten Sie beim Kauf von Zitrusfrüchten darauf, dass sie ungewachst und unbehandelt sind.

GEGENÜBER Der Großteil der Obstsorten, darunter auch Zieräpfel, sind erntereif, wenn der Fruchtstiel leicht vom Ast bricht.

Streuzucker

heller Muscovadozucker

Kristallzucker

dunkler Muscovadozucker

naturbelassener unraffinierter Zucker

Rohrzucker

Weitere Zutaten

ZUCKER

Jemand, der ein ganzes Paket Zucker in einen Kochtopf rieseln lässt, fasst wohl unweigerlich den Vorsatz, sich später auf jeden Fall gesünder zu ernähren oder denkt an den nächsten Zahnarztbesuch. Stimmt, beim Einmachen ist viel Zucker im Spiel, doch ohne ihn wäre das Eingemachte nicht so lange haltbar bzw. würde nicht so gut schmecken! Kommen Sie nicht auf die Idee, die Zuckermengen zu reduzieren, die Marmelade würde nicht gelieren und wäre nicht haltbar. Marmelade ist ein Luxus und sollte als solcher betrachtet werden – weniger ist mehr.

Es gibt verschiedene Zuckersorten vom dunklen, braunen Muscovadozucker bis hin zum reinweißen Streuzucker. Je dunkler der Zucker, desto weniger raffiniert ist er und desto süßlich-malziger oder karamelliger sein Geschmack. Bisweilen rundet dieser Zucker eine Konserve ab, doch kann er geschmacklich auch zu stark dominieren. Daher nochmals die Bitte: Verwenden Sie nur den im Rezept angegebenen Zucker. (Siehe auch *Pektingehalt* , S. 26).

Man kann Zucker mit frischen Kräutern und Blüten aromatisieren. Aromatisierten Zucker schlage ich in den Rezepten nur als besondere Note vor und mache in der Zutatenliste keine Angaben, da er eine Zeit lang ziehen muss und ich wollte, dass Sie Ihre Ernte ohne Vorplanung sogleich verwerten können. Ich gebe an, zu welchen Rezepten er passt, aber experimentieren Sie doch auch einmal mit eigenen Aromakombinationen.

ESSIG UND GEWÜRZE

Wählen Sie beim Kauf von Essig und Gewürzen stets die beste Qualität, die Sie sich leisten können. Verwenden Sie ebenso stets den im Rezept angegebenen Essig, denn der Säuregehalt – und Geschmack – variiert zwischen den einzelnen Sorten stark. In diesem Buch kommen lediglich Cidreessig, Weiß- und Rotweinessig sowie Balsamessig zur Anwendung; sie alle sind überall erhältlich.

Gewürze verwendet man entweder im Ganzen oder in gemahlener Form. Das hängt von der Kochzeit ab sowie davon, ob das fertige Produkt klar sein soll; in diesem Fall wäre ein gemahlenes Gewürz nicht geeignet. Idealerweise mahlen Sie Ihre Gewürze selbst (zerstoßen Sie die ganzen Körner in einem Mörser oder mahlen Sie sie in einer elektrischen Gewürzmühle). Heutzutage ist die Qualität gekaufter gemahlener Gewürze recht gut, es sei denn, sie schlummerten über Jahre ganz weit hinten im Küchenschrank!

WIE MAN ZUCKER AROMATISIERT

Es ist toll, wenn man aromatisierten Zucker im Küchenschrank hat – und ein schönes Geschenk ist er allemal.

Um Zucker zu aromatisieren, geben Sie eine Schicht Streu- oder Kristallzucker in ein sauberes, trockenes Bügelglas. Legen Sie darauf eine Schicht Blätter oder Blütenblätter (siehe oben) und bedecken Sie diese wieder mit Zucker. Verfahren Sie in dieser Weise, bis das Glas voll ist, wobei die letzte Schicht aus Zucker bestehen sollte. Das Glas verschließen und an einem kühlen, trockenen Ort mindestens einen Monat stehen lassen, damit sich die Aromen im Zucker entfalten.

Geeignete Kandidaten zum Aromatisieren sind Rosmarin, Thymian (versuchen Sie es mit Zitronenthymian *Thymus citriodorus*), Lavendelblüten, Rosenblütenblätter, Blütenblätter von Duftpelargonien und Zitronenverbene (*Aloysia citrodora*).

Arbeitsutensilien und Sterilisieren

WAS SIE BENÖTIGEN

Ich würde gerne die Behauptung widerlegen, man müsse zum Marmeladekochen eine Menge besonderer Gerätschaften (und damit viel Platz im Küchenschrank) zur Hand haben. Das stimmt nämlich nicht. Sie brauchen nicht einmal einen besonderen Marmeladentopf, sofern Sie bereits einen großen Kochtopf haben. Natürlich gibt es einige Dinge, die das Leben leichter machen, die kann man aber auf den weihnachtlichen Wunschzettel setzen und unterdessen schon einmal loslegen. Immerhin machte der Mensch bereits Nahrung haltbar, als digitale Thermometer und Ähnliches noch nicht erfunden waren.

Die für die meisten Köstlichkeiten aus diesem Buch benötigten Haushaltsartikel werden Sie wahrscheinlich schon haben. Ihr Topf sollte mindestens 5 Liter fassen. Die Basiszutaten hätten zwar auch in einem kleineren Topf Platz, doch kann Marmelade beim Kochen das Mehrfache ihres ursprünglichen Volumens annehmen. Marmeladentöpfe haben nicht nur ein großes Fassungsvermögen, sondern auch einen schweren Boden und bestehen üblicherweise aus Edelstahl, um die Hitze gleichmäßig über den Topfboden zu verteilen, ohne dass die Marmelade am Topfboden ansetzt. Holzlöffel sind, auch wenn sie verfärben, besser als Metalllöffel. Letztere können den Geschmack (vor allem von Fruchtcremes) beeinträchtigen. Alternativ können Sie Silikonlöffel oder -spatel verwenden. Ich verwende für süße und pikante Konserven separate Löffel, um die Aromen nicht zu verfälschen.

Obst und Gemüse werden häufig in ein Sieb abgegossen. (Spülen Sie das Sieb schnellstmöglich nach Gebrauch oder weichen Sie es zumindest ein, damit das Säubern nicht zur Mühsal wird). Bei der Herstellung von Gelee gießt man den Fruchtbrei durch ein Passiertuch und fängt den Fruchtsaft in einer Schüssel auf. Man kann dazu einen Profi-Passierbeutel verwenden, wobei aber auch die günstigen Nylonbeutel absolut gute Dienste leisten, oder auch ein großes Abseihtuch aus Musselin-Baumwolle, das man an den vier Ecken spannt. (Als wir die Fotos für dieses Buch machten, fragte mich der Fotograf, ob ich das Passiertuch über die vier Füße eines umgekehrten Stuhls spannen würde. Es wäre ein schönes Fotomotiv gewesen – ich musste ihn aber enttäuschen. Ich hänge den Passierbeutel ganz einfach mithilfe eines Fleischerhakens an den Griff eines Küchenhängeschranks und fange den Saft in einer Schüssel auf der Arbeitsplatte auf. Man kann den Beutel auch an den Henkel des Marmeladentopfs binden, falls sich der Henkel vertikal einrasten lässt und der Beutel nicht zu knapp über dem Topfboden hängt.)

Darüber hinaus braucht man Messgeräte: Waagen; elektronische Waagen sind am präzisesten, insbesondere bei kleinen Mengen; Messbecher, am besten einen großen und einen kleinen für kleinere Mengen; und ein Zuckerthermometer. Das letztgenannte Utensil ist nicht unbedingt erforderlich (siehe *Gelierprobe*, Seite 32), doch es erleichtert das Leben ebenso wie ein Einfülltrichter. Wie sehr Sie darüber hinaus den Gerätschaften in Küchenläden und Katalogen erliegen, liegt ganz bei Ihnen.

GLÄSER UND FLASCHEN STERILISIEREN

Wurden Gläser und Flaschen nicht gründlich genug gespült und sterilisiert, können die gelagerten Konserven Schimmel bilden. Es lohnt sich also, einige Minuten auf die peinliche Sauberkeit und das richtige Sterilisieren der Gläser zu verwenden.

Die verwendeten Gläser und Flaschen können – vor allem, wenn Sie Konserviertes verschenken – die Optik des Lebensmittels enorm beeinflussen. Da sie in ungeheuer vielzähligen Formen und Größen erhältlich sind, gebe ich die sich ergebende Menge bei den Rezepten in diesem Buch als ungefähre Angabe an, sodass Sie überlegen können, in welchen Gefäßen Sie die Gesamtmenge am besten unterbringen.

Es lohnt sich, die Gläser wiederzuverwenden. Ich würde allerdings keine geruchsbelasteten Gläser wiederverwenden, die besonders intensiv schmeckende gekaufte Soßen enthielten. Der Geruch insbesondere durch den Gummiring des Deckels überträgt sich unvermeidlich auf den neuen Inhalt. Ebenso sollte man im Falle eigener Gläser kein Glas für Süßes verwenden, das zuvor mit Chutney oder Pickles befüllt war, und umgekehrt.

Reinigen Sie die Gläser, auch gespült aufbewahrte, sehr gründlich in heißem Wasser unter Zusatz von Spülmittel und spülen Sie sie dann in Klarwasser ebenso sauber nach. Das Sterilisieren geht ganz einfach: Zeitgleich mit der Vorbereitung der Zutaten stellt man die Gläser bei 110 °C, Gas Stufe ½ in den Backofen. Nach 15 Minuten schaltet man den Ofen aus, belässt die Gläser jedoch darin, sodass sie beim Einfüllen der Marmelade warm sind (aber nicht heiß – sind sie heißer als das Kochgut, kocht es weiter). Alternativ spülen Sie die Gläser in der Spülmaschine bei höchster Temperatureinstellung, nehmen sie heiß (aber trocken) aus der Spülmaschine und füllen das Kochgut sofort ein. Bei keinem der Rezepte werden die befüllten Gläser oder Flaschen eingekocht. Hierbei vertrödelt man zu viel Zeit, um etwas einige Monate länger haltbar zu machen.

Gelierprobe, Einfüllen und Aufbewahren

GELIERPROBE

Der Gelierpunkt wird als die Temperatur definiert, bei der eine Marmelade oder ein Gelee, nachdem sie/es etwas abgekühlt ist, zu einer streichfähigen Konsistenz eindickt. Es gibt drei Möglichkeiten, um den Gelierpunkt festzustellen: über die Temperatur, den Reißtest und den Häutchentest. Für welche Methode Sie sich entscheiden, liegt ganz bei Ihnen. Mit etwas Erfahrung werden Sie den Moment erkennen, wenn der Gelierpunkt erreicht ist. Ich persönlich verlasse mich auf mein Bauchgefühl, unterstützt durch ein Zuckerthermometer und den Häutchentest (ich sichere mich gerne doppelt ab).

TEMPERATUR

Laut Zuckerthermometer befindet sich der Gelierpunkt bei 105 °C. Bei vielen Thermometern steht praktischerweise an diesem Punkt das Wort «Marmelade» geschrieben. Hängen Sie das Thermometer in den Topf, sowie Sie mit dem Kochen beginnen, und belassen Sie es dort. Pektinreiche Marmeladen können jedoch bereits einige Grad darunter eindicken, und beim Kochen von kleineren Mengen kann es sein, dass das Thermometer nicht immer präzise ist (d. h., die Marmelade kann bereits den Gelierpunkt erreicht haben, obwohl das Thermometer eine Temperatur von weniger als 105 °C anzeigt). Sie können auch ein digitales Thermometer verwenden, vorausgesetzt, es ist wasserdicht.

Reißtest: Im Grunde genommen handelt es sich beim Reißtest um einen Häutchentest mithilfe eines Löffels. Der Test ist ein guter Indikator für den Gelierpunkt, falls Sie kein Thermometer haben. Nehmen Sie den Topf vom Herd, damit nichts überkocht, wenn Sie für die Gelierprobe einen Holzlöffel in die Masse eintauchen und wieder herausziehen. Drehen Sie den Löffel zum Erkalten der Masse einige Male in der Luft und lassen Sie sie dann vom Löffel (zurück in den Topf, um nichts zu vergeuden) tropfen. Gelierende Marmelade klebt zusammen und löst sich reißend vom Löffel, statt kontinuierlich herunterzufließen.

Häutchentest: Stellen Sie einen kleinen Teller in den Gefrierschrank, sowie Sie mit dem Marmeladekochen beginnen. Ist Ihres Erachtens (laut einem oder beiden beschriebenen Faktoren) der Gelierpunkt erreicht, nehmen Sie den Topf vom Herd, träufeln einen kleinen Teelöffel Marmelade oder Gelee auf den vorgekühlten Teller und warten eine oder zwei Minuten ab. Ist der Klecks etwas erkaltet, schieben Sie den Marmeladenrand mit dem Finger etwas zur Mitte. Hat sich auf der Oberfläche eine Haut gebildet, kann die Marmelade eingefüllt werden.

Träufeln Sie für den Häutchentest einen Teelöffel Marmelade auf einen vorgekühlten Teller und schieben Sie den Rand des Kleckses mit dem Finger zur Mitte. Hat sich auf der Oberfläche eine Haut gebildet, ist der Gelierpunkt erreicht.

ABSCHÄUMEN

Im Zusammenhang mit Nahrungsmitteln klingt dieses Wort nicht gerade appetitlich. Bei der Schaumbildung auf der Oberfläche des Kochguts während des Kochvorgangs kochen Verunreinigungen aus dem Zucker und den Früchten heraus. Der Schaum ist essbar, lässt die Marmelade jedoch trübe und nicht so appetitlich aussehen. Ist der Gelierpunkt erreicht, schöpfen Sie den Schaum mit einem großen Löffel ab. Oft wird eine Schaumkelle empfohlen, doch ich finde sie ineffektiv. Wer mit dem Löffel abschäumt, opfert zwar etwas von der guten Marmelade, es lohnt sich aber, weil man sauber und schnell arbeiten kann.

EINFÜLLEN

Füllen Sie das Kochgut nur bis 1 cm unter den Rand der sterilisierten Gläser. Pickles und andere Konserven, die im Glas mit Essig übergossen werden, dürfen nur bis 2 cm unterhalb des Glasrands eingefüllt werden, da über dem Kochgut Platz für 1 cm Essig verbleiben muss – das Gleiche gilt für Pesto, das mit einer Schicht Öl übergossen wird.

Bei Schraubgläsern oder Bügelgläsern mit Gummiring muss man keine Wachspapierscheibe auf die Marmelade legen, was

Befüllen Sie die warmen, sterilisierten Gläser bis 1 cm unterhalb des Glasrands.

ich persönlich knifflig und lästig finde. Wenn Sie zum Verschließen aber nur ein Stück Zellophanpapier straff über die Glasöffnung ziehen, sollten Sie eine Wachspapierscheibe auf die Marmeladenoberfläche legen, damit der Inhalt luftdichter (d. h. vor den Bakterien in der Luft geschützt) abgeschlossen wird.

AUFBEWAHREN

Sofern nicht anders angegeben, lagern Sie Ihr Eingemachtes an einem kühlen, trockenen, dunklen Ort, da zu viel Wärme oder Licht zu Verfärbungen und anderen Problemen führen können. Bestimmte Konserven müssen nach dem Öffnen im Kühlschrank aufbewahrt werden. Der Großteil der Marmeladen und Gelees wird aber nicht sehr schnell schimmeln, und wenn Sie sie rechtzeitig verzehren, erübrigt sich die Lagerung im Kühlschrank, durch die sie ihr Aroma einbüßen können (bewahren Sie sie aber weiterhin an einem kühlen, dunklen Ort auf). Schimmelbildung auf der Oberfläche einer verschlossenen Marmelade ist das Ergebnis von Bakterien im Glas. Achten Sie beim nächsten Mal darauf, dass die Gläser sauber gespült, sterilisiert und erhitzt wurden.

Versuchen Sie, Ihre Köstlichkeiten innerhalb eines Jahres aufzubrauchen – im neuen Jahr gibt es neue Zutaten für neue Konfitüren!

PROBLEME BEIM GELIEREN

- *Die Marmelade ist flüssig geblieben:* Wahrscheinlich wurde der Gelierpunkt nicht erreicht. Gießen Sie sie in den Topf zurück und kochen Sie sie erneut auf.
- *Die Marmelade ist zu dick:* Vermutlich wurde die Marmelade zu lange gekocht.
- *Die Marmelade kristallisiert:* (vgl. die Zuckerklümpchen in der erkalteten Marmelade, Abbildung oben). Kann auf zu langes Kochen zurückgeführt werden oder darauf, dass der Zucker vor dem Kochen der Früchte-Zucker-Mischung nicht vollständig aufgelöst war.
- *Fruchtstückchen oder Kerne sind nach oben gestiegen:* Eine ungleichmäßige Verteilung in der erkalteten Marmelade ist darauf zurückzuführen, dass man sie vor dem Einfüllen nicht hat ruhen lassen und nicht noch einmal umgerührt hat.
- *Auf der Oberfläche eines Chutneys hat sich Flüssigkeit gebildet:* Es wurde nicht lange genug gekocht. Gießen Sie es zurück und kochen Sie es noch etwas länger.
- *Das Chutney ist zu trocken:* Es wurde zu lange gekocht. Entnehmen Sie dem Glas so viel Chutney, wie Sie verzehren wollen und strecken Sie diese Menge mit ein wenig Wasser.

AUS DEM OBST-GARTEN

FRÜHJAHR UND SOMMER

Erdbeeren kultivieren

Nahezu jede selbst gezogene Erdbeere schmeckt besser als eine gekaufte, wenn auch nur deswegen, weil sie an der Pflanze voll ausreifen konnte. Von Vorteil ist, die Früchte nach Saison und bei Sonnenschein zu pflücken – verarbeiten Sie sie so schnell wie möglich (wenn Sie sie nicht vorher genascht haben), um so viel wie möglich vom Aroma eines warmen Sommertages bewahren zu können.

DIE BESTEN SORTEN

Erdbeersorten werden abhängig vom Erntezeitpunkt in vier Gruppen eingeteilt: die frühen, die mittelfrühen, die mittelspäten und die späten. Darüber hinaus gibt es eine vierte (immertragende) Gruppe, die den ganzen Sommer über Früchte trägt, jedoch nicht so viele auf einmal. Möchte man konservieren, empfiehlt es sich, mehrere Pflanzen zu haben, die zum gleichen Zeitpunkt beerntet werden können. Wählen Sie die Sorten also passend zum Platzangebot. 'Honeoye' bietet sich als frühe, 'Cambridge Favourite' oder 'Marshmello' als mittlere und 'Malwina' als späte Sorte an. 'Mara des Bois' ist die beste immertragende.

PFLANZUNG

Am kostengünstigsten sind Ableger von Frigo-Erdbeerpflanzen, die man in Zehnerpacks o. Ä. in Online-Shops oder Gärtnereien erwerben kann. Andernfalls kaufen Sie Pflanzen, die im Topf oder auf einer Topfplatte gezogen wurden. Sie gedeihen in den meisten Böden oder Containern an einem sonnigen Standort. Vermeiden Sie die speziellen Terracotta-Erdbeertöpfe mit den seitlichen Öffnungen, denn sie rauben einem beim Gießen nur Zeit. Pflanzzeit für Erdbeeren ist der Herbst oder das zeitige Frühjahr. Achten Sie darauf, dass das obere Ende des Pflanzenherzes (befindet sich dort, wo der Wurzelhals auf den Trieb trifft) bündig mit dem Erdboden abschließt. Man kann auch durch Mulchfolie pflanzen, sie wärmt den Boden und hält ihn unkrautfrei. Allerdings ist es nicht ganz einfach, die Pflanzen feucht zu halten (und die Folie sieht so hässlich aus, dass man sie am liebsten rausschmeißen würde).

PFLEGE

Mulchen und düngen Sie im Frühjahr. Halten Sie den Boden feucht, vor allem während der Blüte und der Fruchtentwicklung, doch gießen Sie das Wasser nur an den Wurzelballen, niemals auf das Blattwerk. So vermeiden Sie, dass die Pflanzen vom *Botrytis*-Pilz befallen werden und an der Grau-schimmelfäule erkranken. Vorbeugend wirkt auch, wenn man angefaulte Früchte und altes Laub sofort entfernt und die Pflanze nach der Ernte ebenerdig abschneidet. Schützen Sie reifende Früchte mit Netzen gegen Vögel – oder wie in meinem Fall, gegen den Hund. Zu Beginn der Fruchtreife kann man sie mit einer Strohunterlage vom Boden fernhalten. Diese ist aber auch ein Zufluchtsort für Schnecken – die Entscheidung liegt bei Ihnen.

Zum Ende der Fruchtentwicklung produzieren die Pflanzen Ableger (lange Ranken mit kleinen «Grünpflanzen» daran), die auf der Suche nach neuem Boden sind, in den Sie sich einwurzeln können. Stecken Sie das erste Pflänzchen jeder Ranke im Boden fest und trennen Sie den Rest des Ablegers ab. Verfahren Sie so bei 2–3 Ablegern pro Pflanze. Wenn sie bewurzelt sind, trennen Sie die Ranken von der Mutterpflanze. Im Frühjahr können sie ausgegraben und verpflanzt werden. Idealerweise ersetzt man Erdbeerpflanzen alle 3–5 Jahre. Behalten Sie also jedes Jahr einige der Pflänzchen, um immer einen guten Wechsel aufrechterhalten zu können.

ERNTE

Sind die Beeren rot und saftig, pflücken Sie sie bei Sonnenschein – sie haben dann den Zenit ihres Aromas erreicht.

Für:
• Erdbeermarmelade (S. 38) • Kühlschrank-Beerenmarmelade (S. 71) • Beerenfruchtsaft und -sirup (S. 64)

Erdbeermarmelade

Die ultimative Marmelade für Scones mit Clotted Cream – keine Vorratskammer darf sich so nennen, wenn es darin keine Erdbeermarmelade gibt! Ich schätze es, wenn sie unterschiedlich große ganze Erdbeeren enthält, wer dagegen eine gleichmäßigere Textur bevorzugt, zerstampft die Früchte einfach. Erdbeeren enthalten wenig Pektin und ergeben eine luftigere Marmelade als andere Früchte, die aber wunderbar streichfähig ist. Soll die Marmelade fester werden, ersetzen Sie den Kristallzucker einfach durch Gelierzucker.

ERGIBT etwa 1,1 kg

ZUTATEN
- 1 kg Erdbeeren, verlesen
- 850 g Kristallzucker
- Saft von 1½ Zitronen

ZUBEREITUNG
- Größere Früchte halbieren oder vierteln. Die Erdbeeren in eine große Glasschüssel geben und den Zucker unterrühren. Mit Backpapier bedecken und bei Raumtemperatur mindestens 8 Stunden mazerieren lassen.
- Die mazerierte Mischung in einen großen Topf füllen und grob zerdrücken – dabei ganz nach Gusto einige Früchte ganz belassen oder insgesamt zerstampfen. Nun den Zitronensaft unterrühren.
- Bei schwacher bis mittlerer Hitze zum Köcheln bringen und unter stetigem Rühren den Zucker auflösen. 5–10 Minuten leise köcheln.
- Die Hitze hochschalten und die Masse sprudelnd kochen, bis die Marmelade eindickt (siehe *Gelierprobe*, Seite 32).
- Sorgfältig abschäumen. Die Marmelade 15 Minuten ruhen lassen. Das verhindert, dass größere Fruchtstücke im Glas nach oben steigen.
- Umrühren und in warme, sterilisierte Gläser füllen.

Aufbewahren: an einem kühlen, trockenen, dunklen Ort
Haltbar: mindestens ein Jahr

Anpflanzen
- Erdbeeren (S. 36)
- Zitrusfrüchte: Zitronen (S. 101)
- Thymian (S. 157)

Für die ganz besondere Note

THYMIAN
Thymian verleiht Erdbeeren eine herrlich blumige Note.
- Rühren Sie mit dem Zitronensaft auch 1 EL frische Thymianblättchen mit unter.

BALSAMICO-ESSIG
Da ich frische Erdbeeren gerne mit einem Spritzer Balsamico-Reduktion esse, war es naheliegend, diesen Geschmack auch der Marmelade zugutekommen zu lassen.
- Fügen Sie beim Unterrühren des Zitronensaftes auch 1 EL (nach Geschmack auch mehr) Balsamico-Essig hinzu. Durch die zusätzliche Säure wird die Marmelade etwas fester.

Stachelbeeren kultivieren

Laut der britischen Royal Horticultural Society (RHS) wurden seit dem 17. Jahrhundert über 3000 Stachelbeerkultursorten gezüchtet, von denen heute noch etwa 150 Sorten kultiviert werden (und dies, obwohl Stachelbeeren in Geschäften kaum noch angeboten werden). Pflanzen Sie doch ein oder zwei Sträucher und tragen Sie so dazu bei, die alten Sorten am Leben zu erhalten. Wie jedes Beerenobst sind sie sehr genügsam und dennoch Jahr für Jahr ertragreich. Sie liefern gute Mengen zum Einmachen und zum Frischverzehr.

DIE BESTEN SORTEN

Bei den Stachelbeersorten werden allgemein Dessert- und Kochsorten unterschieden. Dabei sind die Dessertsorten die einzigen, die Sie auch frisch vom Strauch essen können. Wenn Sie in zwei Phasen ernten (siehe rechts), gibt es von einem einzigen Strauch genügend Früchte zum Einmachen und für den sofortigen Verzehr.

'Greenfinch' und 'Invicta' sind gute Kochsorten und mehltauresistent. Die Dessertsorte 'Leveller' hat einen ausgezeichneten Geschmack, 'Whinham's Industry' entwickelt rote (und nicht die üblichen grünen) Beeren.

PFLANZUNG

Bis auf Staunässe tolerieren Stachelbeeren die meisten Böden. Sie bevorzugen volle Sonne, sind aber auch halbschattenverträglich. Da sie früh blühen, sollte man sie nicht an frostgefährdeten Standorten platzieren – potenzielle Ernten würden erfrieren. Als buschiger Strauch benötigt die Pflanze eine Fläche von 1,5 m² (oder einen Kübel). Auch am Spalier kann die Stachelbeere als Säule oder Fächer gezogen werden (siehe *Spalierobst*, Seite 15).

PFLEGE

Wässern Sie ausgiebig in Trockenperioden und in der Anwachsphase, vor allem während der Blüte und der Fruchtentwicklung. Eine regelmäßig gegossene Pflanze ist auch weniger anfällig für Mehltau. Jährliches Mulchen mit Komposterde jeweils im Frühjahr sowie die Gabe eines Langzeitdüngers halten die Pflanzen ebenfalls gesund. Eventuell auftretende Raupen müssen Sie absammeln: Die Stachelbeerwespe macht mit den Blättern kurzen Prozess und schwächt die Pflanze für das kommende Jahr.

Stachelbeeren brauchen jeweils im zeitigen Frühjahr, vor dem Blattaustrieb, einen Rückschnitt. Lichten Sie bis auf etwa 10 Ruten aus, sodass eine trichterförmige Wuchsform entsteht. Schneiden Sie Vorjahresaustriebe bis auf zwei Augen vom Hauptstamm zurück. Im Sommer schneidet man die neuen Ruten bis auf 5 Augen vom Hauptstamm zurück, damit die Pflanze ausreichend mit Licht und Luft versorgt und der Fruchtansatz gefördert wird.

Bei Säulenstachelbeeren schneiden Sie die Seitenruten des Hauptstamms im Sommer bis auf ein Auge hinter dem Schnitt des letzten Jahres zurück. Im zeitigen Frühjahr kürzen Sie den Hauptstamm um ein Viertel des Vorjahreszuwachses. Bei einer fächerförmig gezogenen Pflanze schneiden Sie die diagonal gezogenen Ruten, wie bei der Säulenstachelbeere beschrieben.

ERNTE

Die erste Ernte zum Kochen und Einmachen sollte im späten Frühjahr oder Frühsommer reif sein. Pflücken Sie nun etwa die Hälfte der Früchte oder die benötigte Menge. Die verbliebenen Beeren lässt man bis zum Hochsommer größer und süßer werden. Heben Sie die Ruten an den Spitzen hoch, um den Behang – und die Dornen – zu erkennen. Seien Sie vorsichtig!

Für:
•Stachelbeermarmelade
(S. 41)
•Stachelbeerkäse
(S. 42)

Stachelbeermarmelade

Am Beispiel dieser grünen Stachelbeermarmelade erkennen Sie den
Inbegriff eines effizient betriebenen
Nutzgartens. Zunächst wird die erste
Ernte kleiner Beeren verarbeitet, die
restlichen lässt man zu voller Größe
und Reife kommen. Ganz zufällig
ist sie auch noch eine besondere
Delikatesse. Natürlich können Sie die
später geernteten reifen Beeren nach
demselben Rezept kochen. Dann wird
die Marmelade eher zartrosa als grün.

ERGIBT etwa 1,5 kg

ZUTATEN
- 1 kg Stachelbeeren ohne Stiele und Blütenansätze
- 400 ml Wasser
- 1 kg Kristallzucker

ZUBEREITUNG
- Die Stachelbeeren mit dem Wasser in einen großen Topf geben. Leise kö-
  cheln, bis die Früchte weich, aber noch ganz sind. Nun den Zucker zugeben.
- Unter Rühren den Zucker auflösen, nun die Hitze hochschalten und die
  Masse sprudelnd kochen, bis die Marmelade eindickt (siehe *Gelierprobe*,
  Seite 32).
- Abschäumen. Die Marmelade 5 Minuten ruhen lassen. Danach umrühren
  und in warme, sterilisierte Gläser füllen.

Für die ganz besondere Note

HOLUNDERBLÜTE
Die erste frühsommerliche Stachelbeerpflückung
geht einher mit der Holunderblüte. Diese berau-
schenden Blüten verleihen der Marmelade neben
einer wohlschmeckenden Süße eine typisch englische Note. Wie viele Blüten Sie verwenden, hängt
ganz von Ihrem Geschmack ab: Am dezentesten
schmeckt es, wenn Sie 6–8 Blüten (6 große oder 8
mittelgroße Blüten) verwenden, ein intensiveres
Aroma erzielen Sie mit 12–14 Blüten. Suchen Sie
die Blüten nach kleinen Insekten ab und senken
Sie sie dann in einem Passierbeutel in die Bee-
ren-Wasser-Mischung im Topf. Nehmen Sie den
Beutel vor der Zuckerzugabe heraus und pressen
Sie möglichst viel Flüssigkeit in den Topf.

Entfernen Sie von den Stachelbeeren die Blütenansätze und die
Stiele. Links vorher, rechts nachher.

Anpflanzen
- Stachelbeeren (S. 40)
- Holunder (S. 166)

Aufbewahren: an einem kühlen,
trockenen, dunklen Ort
Haltbar: mindestens ein Jahr

Stachelbeerkäse

Dieser Stachelbeerkäse ist – obwohl man ihn geschnitten zu kaltem Braten oder einer Käseplatte servieren kann – die marmeladige Version des englischen Dessertklassikers Gooseberry Fool, ein köstliches Stachelbeerenkompott in Kombination mit einer feinen Vanillecrème. Bereiten Sie ihn in kleinen Gratinförmchen oder anderen Förmchen zu und stürzen Sie ihn auf eine Platte. Wenn Sie Ihren Gästen dann noch einen Krug mit sämiger Vanillesoße dazustellen, haben Sie im Nu ein unkompliziertes und perfektes Sommerdessert gezaubert. Alternativ können Sie den Käse wie üblich in Gläser füllen. Sie können die erste oder zweite Stachelbeerernte verwenden.

ERGIBT etwa 600 g

ZUTATEN
- 1 kg Stachelbeeren ohne Stiele und Blütenansätze
- 150 ml Wasser
- Kristallzucker (250 g auf 400 ml Fruchtmasse, siehe Zubereitung)
- Sonneblumenöl oder anderes geschmacksneutrales Öl

ZUBEREITUNG
- Die Stachelbeeren mit dem Wasser in einen großen Topf geben. Unter häufigem Rühren bei schwacher bis mittlerer Hitze leise köcheln, bis die Früchte weich sind.
- Den Topfinhalt durch ein Sieb.
- Die entsprechende Zuckermenge zugeben und rühren, bis sich der Zucker aufgelöst hat.
- Auf Mittelhitze sehr sachte kochen, bis die Mischung reduziert und eindickt. Häufig umrühren, damit nichts am Topfboden ansetzt (seien Sie vorsichtig, es spritzt). Der Stachelbeerkäse ist fertig, wenn ein Kochlöffel, den man am Topfboden entlangzieht, eine deutliche Spur hinterlässt.
- Unterdessen saubere, sterilisierte Gratinförmchen hauchdünn mit Öl ausstreichen.
- Das Mus auf die Förmchen verteilen und entweder umrühren oder die Förmchen auf die Arbeitsplatte klopfen, damit Luftblasen an den Ecken entweichen können. Mit Wachspapierscheiben oder geölten Pergamentpapierzuschnitten bedecken.
- Die abgekühlten Förmchen straff in Frischhaltefolie wickeln und bis zum Verzehr aufbewahren. Etwa eine Stunde vor dem Servieren aus dem Kühlschrank nehmen.
- Alternativ die heiße Masse in warme, sterilisierte Gläser füllen.

Aufbewahren: Gratinförmchen im Kühlschrank; verschlossene Gläser an einem kühlen, trockenen, dunklen Ort
Haltbar: Gratinförmchen: mindestens ein Monat; verschlossene Gläser: mindestens ein Jahr

Anpflanzen
- Stachelbeeren (S. 40)

Rote Johannisbeeren kultivieren

Ich liebe meine Johannisbeersträucher. Im Jahr kümmere ich mich vielleicht fünf Stunden um sie, und jeder einzelne versorgt mich jedes Jahr mit bis zu 4 kg Früchten und wird das die nächsten zwanzig Jahre auch weiterhin tun – und das alles zum Preis einer einzigen lumpigen Schale mit Johannisbeeren aus dem Supermarkt. Ach ja, und die Blüten und Beeren sind dazu auch noch dekorativ.

DIE BESTEN SORTEN

'Stanza', 'Red Lake' und 'Jonkheer van Tets' sind alle sehr reich fruchtende, bewährte Sorten. Weiße und die selteneren Rosa Johannisbeeren werden in der gleichen Weise kultiviert; das Produkt im Glas hat natürlich nicht die gleiche Farbe. Möchten Sie aber einmal eine weiße Sorte ausprobieren, dann versuchen Sie es mit 'Versailles Blanche'. Bei den rosa Sorten müssen Sie nehmen, was Sie bekommen können.

PFLANZUNG

Rote Johannisbeeren gedeihen gut im Halbschatten, wenn auch nicht ganz so gut wie in voller Sonne (ich erziele sogar gute Ernten in einem sehr schattigen, nach Norden gerichteten Garten). Sie tolerieren die meisten Böden, jedoch keine Staunässe. Geben Sie den Sträuchern je 1,2 m² Platz oder pflanzen Sie sie als Säule oder Fächer.

PFLEGE

Mulchen Sie mit Komposterde im zeitigen Frühjahr und wässern Sie ausgiebig, wenn das Wetter während der Fruchtentwicklung trocken sein sollte. Am besten schützen Sie die reifen Früchte mit Netzen gegen Vögel – rote Früchte sind ein ganz besonderer Vogelmagnet.

Schneiden Sie die Sträucher im zeitigen Frühjahr vor dem Blattaustrieb. Lichten Sie bis auf etwa 10 Ruten aus, sodass eine trichterförmige Wuchsform entsteht. Schneiden Sie die Triebe aus dem Vorjahr bis auf zwei Augen vom Hauptstamm entfernt zurück. Im Sommer schneidet man die neuen Ruten bis auf 5 Augen vom Hauptstamm entfernt zurück, damit die Pflanze ausreichend mit Licht und Luft versorgt und die Fruchtbildung gefördert wird.

Bei Säulenjohannisbeeren schneiden Sie die Seitenruten des Hauptstamms im Sommer bis auf ein Auge oberhalb des letztjährigen Rückschnitts zurück. Im zeitigen Frühjahr kürzen Sie den Hauptstamm um ein Viertel des letztjährigen Zuwachses. Bei einer fächerförmig gezogenen Pflanze schneiden Sie die diagonal gezogenen Ruten, wie bei der Säulenjohannisbeere beschrieben.

ERNTE

Warten Sie ab, bis alle Beeren rot (oder bei Weißen Johannisbeeren cremeweiß) sind und lassen Sie sie dann noch einige Tage hängen. Pflücken Sie die kompletten Trauben (so nennt man den Fruchtbehang) von der Rute und streifen Sie die Beeren später in der Küche von den Stielen.

Für:
• Gelee aus Roten Johannisbeeren (S. 46)
• Süßer Kaviar aus Bar-le-Duc (S. 48)

Gelee aus Roten Johannisbeeren

Dieses schmackhafte Gelee hat nicht nur eine herrlich leuchtende Farbe, sondern ist selbst etwas ganz Besonderes. Und ist dabei so vielseitig einsetzbar: Es passt zu jedem Gebratenen, man kann es an ein Schmorgericht geben oder an Tomatensoße. Schnell gemacht ist es dazu, denn wir geben ganze Trauben in den Passierbeutel und müssen nicht einzelne Beeren von den Stielen streifen oder gar die Blütenansätze entfernen.

ERGIBT etwa 600 g

ZUTATEN

- 1 kg Rote Johannisbeeren mit Stielen (haben Sie diese bereits entfernt, wiegen Sie den Gewichtsunterschied mit zusätzlichen Beeren auf)
- 100 ml Wasser
- Kristallzucker (75 g auf 100 ml Fruchtmasse, siehe Zubereitung)

ZUBEREITUNG

- Die Beeren mit dem Wasser in einen großen Topf geben. Unter häufigem Rühren bei schwacher bis mittlerer Hitze leise köcheln, bis die Früchte weich sind und Saft abgeben.
- Die Masse zerdrücken und in einen Passierbeutel geben. Mindestens 3 Stunden oder besser über Nacht den Saft auffangen. Danach den Beutelinhalt wegwerfen.
- Die Saftmenge abmessen und mit der entsprechenden Zuckermenge in einen sauberen Topf geben.
- Bei schwacher Hitze den Zucker unter Rühren auflösen. Die Hitze hochschalten und die Masse aufkochen.
- Die Masse sprudelnd kochen, bis das Gelee eindickt (siehe *Gelierprobe*, Seite 32).
- Sorgfältig abschäumen und in warme, trockene und sterilisierte Gläser füllen.

Für die ganz besondere Note

HIMBEEREN
Süßer wird das Gelee, wenn man 500 g Himbeeren und 500 g Johannisbeeren mischt.

Aufbewahren: an einem kühlen, trockenen, dunklen Ort
Haltbar: mindestens ein Jahr

Anpflanzen

• Rote
Johannisbeeren
(S. 44)
• Himbeeren (S. 52)

Süßer Kaviar aus Bar-le-Duc

Diese nach der französischen Stadt, aus der sie stammt, benannte Konfitüre wird nach alter Tradition aus Roten Johannisbeeren hergestellt, doch Weiße, rosafarbene oder Schwarze Johannisbeeren sind gleichermaßen verwendbar. Am einfachsten geht es, wenn man die Trauben von der Rute pflückt und, zurück in der Küche, mit einer Gabel in eine Schüssel abstreift. Mein Hund ist bei diesem Abstreifen immer um mich herum – auf der Lauer nach einer Beere, die zu Boden fällt.

ERGIBT etwa 900 g

ZUTATEN

- 500 g Rote Johannisbeeren, von den Stielen gestreift (die Blütenansätze dürfen bleiben)
- 750 g Kristallzucker

ZUBEREITUNG

- Wenn Sie die Zeit haben, stechen Sie jede Beere mit einer Nadel an.
- Die Johannisbeeren in eine große Keramik- oder Glasschüssel geben und den Zucker unterrühren. Mit Backpapier bedecken und bei Raumtemperatur über Nacht (bis zu 24 Stunden) mazerieren lassen.
- Die mazerierte Mischung in einen Topf füllen und langsam köcheln.
- Die Masse 3 Minuten kochen. Danach den Topf vom Herd nehmen und 30 Minuten ruhen lassen. In dieser Zeit sollte sich auf der Oberfläche eine Haut gebildet haben.
- Umrühren und in warme, sterilisierte Gläser füllen.

Anpflanzen
- Rote Johannisbeeren (S. 44)

Aufbewahren: an einem kühlen, trockenen, dunklen Ort; nach dem Öffnen im Kühlschrank
Haltbar: mindestens drei Monate

Schwarze Johannisbeeren kultivieren

Schwarze Johannisbeeren lassen sich von allen Beerenobstsorten am einfachsten kultivieren. Die Pflege beschränkt sich auf wenige Arbeiten, und sie zu schneiden ist ganz einfach, allerdings beanspruchen sie etwas mehr Platz als Rote Johannisbeeren (siehe Seite 44). Die Blätter sind ein Nebenprodukt: Brühen Sie zwei oder drei Blätter mit einer Tasse kochend heißem Wasser auf, und im Nu haben Sie einen köstlichen Kräutertee. Oder aromatisieren Sie Sirup damit (siehe Seite 164).

DIE BESTEN SORTEN

Der Großteil der Schwarzen Johannisbeersorten für den privaten Hausgarten und den Erwerbsobstbau wurde von einer Forschungseinrichtung für Kulturpflanzen in Schottland gezüchtet. Seine gesamte 'Ben'-Reihe ist empfehlenswert. Darunter stellt 'Ben Sarek' die kompakteste Sorte dar. 'Ben Connan' ist eine früh reifende Sorte und resistent gegenüber den meisten Schädlingen und Krankheiten.

PFLANZUNGEN

Schwarze Johannisbeeren sind Sonnenliebhaber und tolerieren die meisten Böden, selbst schwere Lehmböden, die zeitweise zu Staunässe neigen. Da sie viele Nährstoffe benötigen, sollte man vor der Pflanzung großzügig organisches Material einarbeiten. Sehen Sie für jede Pflanze mindestens 1,5 m² Fläche vor, besser noch 2 m², damit Sie beim Pflücken um die Pflanze herumgehen können. Die kompakte 'Ben Sarek' benötigt nur 1,2 m² pro Pflanze. Schwarze Johannisbeeren kann man auch in Töpfen kultivieren, diese müssen jedoch recht groß ausfallen.

Pflanzen Sie wurzelnackte Pflanzen oder solche im Topf während der Winterruhe und achten Sie darauf, dass das obere Ende des Pflanzenherzes (befindet sich dort, wo der Wurzelhals auf die Ruten trifft) etwa 5 cm mit Erde bedeckt ist. Auf diese Weise wird die Pflanze zu einer stärkeren Rutenausbildung von unten angeregt.

PFLEGE

Wässern Sie ausgiebig in Trockenperioden, vor allem während der Blüte und der Fruchtentwicklung. Mit Netzen schützen Sie die reifen Beeren gegen Vögel.

Schneiden Sie im späten Winter oder zeitigen Frühjahr vor dem Blattaustrieb etwa ein Drittel der Ruten bodeneben ab. Legen Sie dabei besonderen Wert auf das Ausputzen toter, absterbender oder kranker Ruten (siehe Seite 16) und schneiden Sie anschließend jede ältere Rute ab. Dies verjüngt die Pflanze und fördert den Wuchs. Danach mit einer dicken Schicht Gartenkompost mulchen.

Containerpflanzen alle 2–3 Jahre umtopfen und während der Blüte/Fruchtentwicklung zum Schutz gegen Frost und Vögel möglichst unter eine Abdeckung stellen.

ERNTE

Warten Sie ab, bis die Beeren tiefviolett-schwarz sind. Widerstehen Sie dann noch einige Tage der Versuchung, sie zu pflücken, denn die zusätzliche Reifezeit sorgt für zusätzliche Süße.

Für:
- Marmelade aus Schwarzen Johannisbeeren (S. 50)
- Beerenfruchtsaft und -sirup (S. 64)

Marmelade aus Schwarzen Johannisbeeren

Da es sich hier um die Lieblingsmarmelade meines Mannes handelt, koche ich sie jedes Jahr in größtmöglichen Mengen. Verspeist wird sie wie üblich als Marmelade. Ich fülle auch gerne einen Schokokuchen damit. Achten Sie darauf, dass Sie auch das kleinste Stielchen entfernt haben, mit den trockenen Blütenansätzen müssen Sie sich aber nicht beschäftigen.

ERGIBT etwa 2,4 kg

ZUTATEN

- 1 kg Schwarze Johannisbeeren, von den Stielen gestreift
- 600 ml Wasser
- 1,5 kg Kristallzucker

ZUBEREITUNG

- Die vorbereiteten Früchte mit dem Wasser in einen großen Topf geben. Leise köcheln, bis die Beeren weich sind (wenn sie sich mit der Rückseite eines Löffels an der Topfwand leicht zerdrücken lassen), aber noch ihre Form behalten.
- Den Zucker zugeben und unter stetigem Rühren auflösen. Nun die Masse aufkochen.
- Die Masse sprudelnd kochen, bis die Marmelade eindickt (siehe *Gelierprobe*, Seite 32).
- Den Topf vom Herd nehmen und 5 Minuten ruhen lassen. Unterdessen sorgfältig abschäumen. In warme, sterilisierte Gläser füllen.

Anpflanzen

- Schwarze Johannisbeeren (S. 49)
- Äpfel (S. 76)

Aufbewahren: trocken und kühl
Haltbar: mindestens ein Jahr

Für die ganz besondere Note

ÄPFEL

Wenn Sie nicht genügend Schwarze Johannisbeeren haben und Sie ein Kochapfel aus der Obstschale anlacht, können Sie die Fruchtmasse damit ein wenig strecken. Die beiden Obstsorten sind geschmacklich miteinander verwandt.

- Verwenden Sie 650 g Schwarze Johannisbeeren und 350 g geschälte, vom Kerngehäuse befreite und in Scheibchen oder kleine Würfel geschnittene Kochäpfel.
- Geben Sie das Apfelfruchtfleisch zu den Schwarzen Johannisbeeren und dem Wasser.

Himbeeren, Brombeeren und Hybridbeeren kultivieren

Sie alle sind als Strauchbeerenobst bekannt. Hybridbeeren sind durch Züchtung aus einer Kreuzung zwischen Himbeeren und Brombeeren und anderen ähnlichen Sorten entstanden. Es gibt sie in einer ganzen Palette unterschiedlicher Farb- und Geschmacksrichtungen. Ihre Kultivierungsmethoden unterscheiden sich nur geringfügig voneinander.

DIE BESTEN SORTEN

Die einfache Himbeere wird in Sommer- und Herbstsorten unterschieden, wobei es bei den Sommerhimbeeren wiederum frühe, mittelfrühe und späte Sorten gibt. Pflanzen Sie für die einjährige Kultur eine mindestens 1 m lange Reihe, damit Sie genügend Beeren zum Konservieren ernten können. 'Tulameen' (mittelfrüh/spät) und 'Joan J' gehören zu meinen Lieblingssorten, die meisten der 'Glen'-Kultursorten sind ebenfalls ausgezeichnet. Von den Herbsthimbeeren ist 'Autumn Bliss' die gängigste Sorte.

Kulturbrombeeren wie 'Loch Tay' wird häufig die Wuchsfreudigkeit weggezüchtet. Zudem haben sie die Stacheln nicht mehr, die sie in der Natur zu einer mühsam zu erkämpfenden Frucht machen. Von den Hybridbeeren sind die Schwarzen Himbeeren (z. B. 'Jewel'), die Loganbeeren und die Taybeeren wie 'Buckingham' ganz große Marmeladenkandidatinnen.

Für:
• Himbeermarmelade (S. 53)
• Kühlschrank-Beerenmarmelade (S. 71) •Himbeercreme (Himbeer-curd) (S. 54) •Brombeermarmelade (S. 72) •Gelee aus Roten Johannisbeeren und Himbeeren (S. 46)

PFLANZUNG

Ein qualitativ hochwertiger, tiefer, gut entwässernder Boden ist die beste Voraussetzung für hohe Erträge. Brombeeren und Hybridbeeren tolerieren im Laufe des Tages auch ein wenig Schatten, doch sämtliche Strauchbeeren gedeihen am üppigsten in voller Sonne. Pflanzen Sie Himbeeren mit 35 cm Abstand in der Reihe und belassen Sie bei Brombeeren und Hybridbeeren 2,5 m bzw. je nach Wuchsfreudigkeit (siehe Etikett) mehr Abstand. Binden Sie die einzelnen Pflanzen an Drähten auf, die man entweder als umfriedendes Gerüst oder zwischen zwei Pfosten spannen kann. Drahtabstand bei Himbeeren 60 cm und bei Brom- und Hybridbeeren 45 cm. Größere Brombeerpflanzen können an Bögen gezogen werden.

PFLEGE

Die sich entwickelnden Ruten an Drähten aufbinden, damit sie sich unter dem Gewicht ihres Behangs nicht biegen oder vom Wind abgebrochen werden. Binden Sie Himbeeren senkrecht und Brom- und Hybridbeeren entlang der Drähte waagerecht.

Im Sommer mit einer ordentlichen Mulchschicht abdecken und in Trockenperioden, vor allem während der Fruchtentwicklung ausgiebig gießen. Am besten schützen Sie die reifen Beeren mit Netzen – oder einem Ernteschutzpavillon – gegen Vögel.

Bei Strauchbeerenobst kann der Gehölzschnitt auf die Grundregel zusammengefasst werden: «Die Ruten abschneiden, die dieses Jahr getragen haben». Das bedeutet, dass bei sommertragenden Himbeeren, Brombeeren und Hybridbeeren die einjährigen Ruten nach der Ernte abgeschnitten und die neuen Triebe (die im Folgejahr fruchtenden) ausgelichtet und aufgebunden werden müssen. Herbsthimbeeren tragen jedes Jahr an neuen Austrieben. Alle abgeernteten Ruten werden daher in jedem Winter bodeneben entfernt. Entfernen Sie zusätzlich tote oder kranke sowie alle Ruten, die dünner als ein Bleistift sind.

Häufig treiben Wurzelschösslinge. Graben Sie sie im Frühjahr aus und pflanzen Sie sie in Lücken oder als neue Reihe. Beerenobst muss etwa alle zehn Jahre ersetzt werden.

ERNTE

Reife Beeren lösen sich leicht von der Pflanze; Himbeeren fallen vom Blütenboden, der sie an der Pflanze festhält, während andere Beeren fest mit dem Blütenboden verbunden sind.

Himbeermarmelade

Meine achtjährige Nichte Elle teilte mir neulich mit, dass sie verlobt ist mit Heidelbeeren, verheiratet jedoch mit Himbeeren. Abgesehen von der potenziellen Bigamie geht es mir genauso. Mit dieser einfachen und schnell gekochten Marmelade bekommen wir beide nun Himbeeren das ganze Jahr hindurch.

ERGIBT etwa 1,6 kg

ZUTATEN
- 1 kg Himbeeren
- 1 kg Kristallzucker

ZUBEREITUNG
- Die Himbeeren in einen großen Topf geben und unter häufigem Rühren bei schwacher Hitze leise köcheln, bis die Früchte weich sind.
- Falls Sie den Großteil der Samenkerne entfernen möchten, streichen Sie nun den Topfinhalt durch ein Sieb. Aber achten Sie darauf, dass das Fruchtmark und der Saft vollständig aufgefangen werden und nur die Kerne im Sieb zurückbleiben. Die Masse zurück in den Topf geben.
- Den Zucker zugeben und unter Rühren auflösen. Die Hitze hochschalten.
- Die Masse sprudelnd kochen, bis die Marmelade eindickt (siehe *Gelierprobe,* Seite 32).
- Den Topf vom Herd nehmen und die Marmelade 5 Minuten ruhen lassen.
- Sorgfältig abschäumen, nun umrühren und in warme, sterilisierte Gläser füllen.

Anpflanzen

- Himbeeren, Brombeeren und Hybridbeeren (S. 52)
- Minze (S. 156)
- Duftpelargonie (S. 167)

Aufbewahren: kühl und trocken
Haltbar: mindestens ein Jahr

Für die ganz besondere Note

MINZE
Rühren Sie vor dem Einfüllen 2 EL fein gehackte Minzblättchen (Pfefferminze) hinein.

SCHWARZER PFEFFER
Rühren Sie vor dem Einfüllen 1 EL frisch gemahlenen schwarzen Pfeffer hinein.

ROSENPELARGONIEN
Geben Sie in die köchelnde Fruchtmasse eine Handvoll Rosenpelargonienblätter und entfernen Sie sie vor der Zuckerzugabe.

LOGANBEEREN UND ANDERE HYBRIDBEEREN
Ersetzen Sie die Himbeeren zum Teil oder insgesamt durch Loganbeeren oder andere Hybridbeeren. Loganbeeren ergeben eine besonders feine Marmelade.

Himbeercreme

Himbeeren sind unter den Beeren die Früchte, die ich am liebsten zu einer Fruchtcreme, dem sogenannten Curd, verarbeite. Man kann sie aber ganz leicht anteilig oder vollständig durch Brombeeren oder sogar reife Stachelbeeren ersetzen. Diese Version eines aus Beeren gekochten Curds ist etwas dünnflüssiger als das Lemon Curd von Seite 102, lässt sich aber immer noch bestens auf Toast oder Brötchen streichen.

ERGIBT etwa 600 g

ZUTATEN
- 300 g Himbeeren
- Saft einer Zitrone
- 4 Eier
- 85 g ungesalzene Butter
- 170 g Streuzucker

ZUBEREITUNG
- Alle Zutaten in eine Keramik- oder Glasschüssel geben und diese bei Mittelhitze als Wasserbadschüssel über einen Topf mit schwach köchelndem Wasser setzen. Die Schüssel muss genau auf den Topf passen, darf jedoch mit dem Wasser selbst nicht in Berührung kommen.
- Mit dem Schneebesen die Eier verschlagen, die Beeren zerkleinern und alle Zutaten miteinander vermischen (Butterflöckchen sind zu diesem Zeitpunkt genau richtig).
- Verwenden Sie nun einen Holzlöffel (Utensilien aus Metall können das Aroma verderben) und rühren Sie stetig. Das muss nicht allzu heftig geschehen, sowie die Butter geschmolzen ist, es dient lediglich dazu, die Masse vom Schüsselboden zu lösen, damit die Eier nicht stocken. Wenn man in Form einer Acht rührt, vermischen sich die Zutaten rascher und gründlicher als beim Rühren im Kreis.
- Die Creme ist fertig, wenn sie dick und glatt ist und der Finger, den man über den Löffelrücken entlang zieht, eine Spur hinterlässt (das kann 15 Minuten oder länger dauern). Während des Abkühlens wird die Creme noch fester.
- Die Creme durch ein Sieb streichen, damit alle Samenkerne zurückbleiben.
- In warme, sterilisierte Gläser füllen.

Anpflanzen
- Himbeeren (S. 52)
- Zitrusfrüchte: Zitronen (S. 101)

Aufbewahren: im Kühlschrank
Haltbar: 3–4 Wochen

Kirschen kultivieren

Ich bin in Kent – dem Garten Englands – aufgewachsen, wo die Obstplantagen größtenteils aus Apfel- und Kirschbäumen bestanden und die Erzeuger häufig einen Verkaufsstand auf der Haupteinkaufsstraße hatten einzig und allein, um ihre Kirschenernte zu verkaufen. Ich musste immer gleich zwei oder mehrere Körbchen kaufen, weil ich mindestens eins davon auf dem Heimweg verspeiste.

DIE BESTEN SORTEN

Kirschen werden in Süß- und Sauerkirschen sowie Bastardkirschen eingeteilt, letztere sind eine Kreuzung beider Sorten. Wildkirschen, auch Vogelkirschen *(Prunus avium)* genannt, sind köstliche Heckenkirschen, doch im Verhältnis zum Kern haben sie nur sehr wenig Fruchtfleisch, was für das Kochen von Marmelade nicht ideal ist. Süße Sorten wie 'Stella' können frisch verzehrt werden und eignen sich ausgezeichnet für Kompott. 'May Duke' und die saure 'Morello' sowie 'Montmorency' sind verdienstvolle Klassiker für Marmelade.

Wählen Sie für Ihre Kultursorte die richtige Unterlage und die richtige Befruchtersorte ('Stella' und Sauerkirschen sind praktischerweise selbstbefruchtend). In kühleren Regionen pflanzt man besser Sauerkirschen statt süße Sorten, wenn auch die Blüte frostempfindlich bleibt. Wenn Sie speziell für die Kultur in Töpfen oder Ernteschutzpavillons gezüchtete Bäume suchen, dann wählen Sie die Sorten 'Cinderella' oder 'Ballerina'.

PFLANZUNG

Die Pflanzzeit für Wurzelnackte oder Containerpflanzen erstreckt sich vom Herbst bis in den späten Winter hinein. Kirschbäume blühen früh; wählen Sie deshalb den wärmsten Sonnenplatz, um der Blüte maximalen Schutz zu gewähren. Ideal ist ein nahrhafter Boden mit guter Drainage. Bereiten Sie ihn also bestens vor. Kirschbäume können Sie an einer Südwand als Fächerspalier ziehen oder als schwachwüchsige Sorte in großen Kübeln.

PFLEGE

Spalier- und schwachwüchsige Kirschbäume lassen sich am einfachsten mit Netzen gegen Vögel schützen, die Ihnen die Früchte am liebsten vor der Nase wegpicken. Jährliches Mulchen mit Komposterde sowie regelmäßiges Wässern bei Trockenheit, vor allem während der Blüte und der Fruchtentwicklung, sind alles, was neben dem Gehölzschnitt nötig ist. Der Schnitt erfolgt im Sommer nach der Ernte, eine Taktik zur Vorbeugung einiger spezifischer Kirschkrankheiten. Streben Sie bei frei stehenden Bäumen eine offene Trichterform an und putzen Sie dazu tote, absterbende, kranke und doppelte Äste aus (siehe Seite 16) sowie alle Äste, die für den Aufbau einer guten Gestalt nicht erforderlich sind. Belassen Sie jedoch reichlich Holz, das mindestens ein Jahr alt ist und an dem der Baum im nächsten Jahr fruchten wird. Fächerförmig erzogene Bäume schneidet man in ihre Form zurück, bindet Ersatzäste wo nötig fest und kürzt und lichtet Seitentriebe aus, um den Wuchs unter Kontrolle zu halten, wobei auch hier auf den Erhalt von reichlich Fruchtholz zu achten ist.

ERNTE

Sowie die Früchte tiefrot (oder je nach Kultursorte schwarz), weich und süß sind, kann geerntet werden.

Für:
- Kirschkompott (S. 59)
- Kirschmarmelade (S. 58)
- Beerenfruchtsaft und -sirup (S. 64)

Kirschmarmelade

Für diese Marmelade lohnt es sich, einen Kirschenentsteiner anzuschaffen. Falls Sie keinen haben, können Sie die Früchte mit einem Kartoffelstampfer zerdrücken und die Steine abschöpfen, wenn sie in der kochenden Marmelade obenaufschwimmen. Ihrem Adlerauge werden aber immer einige entwischen und dem morgendlichen Toast einen Überraschungskracher verpassen. Kochen Sie diese Marmelade, die ein köstlich-herbes, sagenhaftes Kirscharoma hat, aus Sauer- oder Bastardkirschen.

Anpflanzen
- Kirschen (S. 56)
- Zitrusfrüchte: Zitronen (S. 101)

Aufbewahren: trocken und kühl
Haltbar: mindestens ein Jahr

ERGIBT etwa 1,1 kg

ZUTATEN
- 1 kg entsteinte Sauerkirschen
- Saft von 3 halbierten Zitronen
- 750 g Kristallzucker

ZUBEREITUNG
- Die entsteinten Kirschen mit dem Zitronensaft in einen großen Topf geben.
- Die Steine und die ausgepressten Zitronenhälften in einen Passierbeutel füllen, diesen zubinden und in den Topf senken.
- Das Ganze sehr sachte bei schwacher Hitze unter häufigem Umrühren köcheln, bis die Kirschen sehr weich sind.
- Den Beutel herausnehmen und möglichst viel Saft in den Topf pressen (tragen Sie Gummihandschuhe zum Schutz).
- Den Zucker zugeben und unter stetigem Rühren auflösen. Die Hitze hochschalten und die Masse aufkochen.
- Die Masse sprudelnd kochen, bis die Marmelade eindickt (siehe *Gelierprobe*, Seite 32). Dann den Topf vom Herd nehmen.
- 10 Minuten ruhen lassen. Unterdessen sorgfältig abschäumen. Umrühren und in warme, sterilisierte Gläser füllen.

Für die ganz besondere Note

VANILLE
Es ist höchst unwahrscheinlich, dass Sie Vanille selbst kultivieren. Aber wie Sie aus anderen Rezepten in diesem Buch wissen, lasse ich mich, was Marmeladengewürze angeht, gerne von Desserts und Puddings inspirieren. Die Idee mit der Vanille ist Clafoutis- und Kirsch-Pie-Rezepten entnommen. Sie erhält dadurch eine feine Vanillenote und einen Hauch mehr Süße. Schlitzen Sie einfach eine Vanilleschote der Länge nach auf und geben Sie sie in den Passierbeutel.

Kirschkompott

Frische Süßkirschen sind solch ein Genuss, dass es eine Sünde ist, sie einzumachen. Ich scheue mich aber nicht, sie in einem Dessert zu verwenden – und dieses Kompott ist das Nonplusultra zu einem schnellen sommerlichen Pudding. Es reicht ungefähr für vier Portionen. Probieren Sie es mit Mascarpone oder Vanilleeis – nach Belieben auch zu Schokobrownies. Bleibt ein Rest (was eher unwahrscheinlich ist), hält er sich einige Tage und schmeckt wunderbar im Müesli oder Joghurt.

ERGIBT etwa 400 g

ZUTATEN
- 500 g entsteinte Kirschen
- 50 g heller Muscovadozucker
- ein Spritzer Kirschwasser, Amaretto oder Weinbrand (nach Belieben)

ZUBEREITUNG
- Die Kirschen mit dem Zucker und dem Alkohol in einen mittelgroßen Topf geben. Den Topf so schwenken, dass die Kirschen von allen Seiten mit Zucker durchmischt und überzogen sind, langsam aufkochen.
- Die Hitze herunterschalten und unter häufigem Rühren köcheln, bis der Saft reduziert und dicklich wird.
- Warm servieren oder in warme, sterilisierte Gläser füllen.

Anpflanzen
- Kirschen (S. 56)

Aufbewahren: im Kühlschrank
Haltbar: 2–3 Tage

Heidelbeeren kultivieren

Die wegen ihrer antioxidativen Wirkung allgemein als «Superfood» beworbene Heidelbeere, ist zwar ganzjährig in Supermärkten erhältlich, schmeckt aber häufig eher nach gar nichts. Wenn Sie Platz für einen großen Pflanztopf haben, können Sie Heidelbeeren selbst anbauen und die Mannigfaltigkeit und Intensität der Aromen heimischer Kultursorten entdecken.

DIE BESTEN SORTEN

'Herbert' und 'Spartan' schmecken köstlich. Heidelbeersträucher sind teilweise selbstbefruchtend. Haben Sie nur für einen Strauch Platz, bekommen Sie natürlich auch Beeren, doch zwei oder drei Sträucher produzieren pro Pflanze weitaus höhere Erträge.

PFLANZUNG

Heidelbeeren sind am ertragreichsten, wenn sie vollsonnig stehen, sie sind aber auch halbschattenverträglich. Sie verlangen wasser-durchlässigen, kalkfreien Boden mit einem pH-Wert von 4–5,5. Aus diesem Grunde pflanzt man sie besser in Töpfe oder auf einen Damm, dessen Boden man «sauer gemacht» hat. Alternativ kann man Heideerde verwenden, der man für eine bessere Drainage Sand beimischt. Im Freigelände jeweils 1,5 m² Platz zwischen den Pflanzen belassen.

PFLEGE

Fleißig mit Regenwasser gießen, damit der Boden nicht durch Leitungswasser basisch wird. Im Frühjahr mit Langzeitdünger versorgen und mit Komposterde abdecken.

Der Gehölzschnitt beschränkt sich auf das ebenerdige Abschneiden von einem oder zwei älteren Ästen während der Winterruhe (sowie das gleichzeitige Ausputzen toter, ab-sterbender, kranker und doppelter Äste, siehe Seite 16).

ERNTE

Je nach Sorte können Heidel-beeren von Spätsommer bis Frühherbst beerntet werden. Die Beeren sind vollreif, wenn sie schwarzblau, weich und süß sind – pflü-cken Sie sie behutsam von jedem Busch.

Für:
- Heidelbeerkonfitüre (S. 63)
- Beerenfruchtsaft und -sirup (S. 64)

Anpflanzen

Heidelbeerkonfitüre

Wenn man Heidelbeeren kocht, kommen ihre Aromen und die prächtige tiefblaue Farbe voll zur Geltung. Eine Konfitüre wird allerdings nicht so lange gekocht wie eine Marmelade. Heidelbeeren passen auch gut zu blumigen und zitronigen Aromen, wie bei den im Kasten genannten Variationen.

ERGIBT etwa 600 g

ZUTATEN
- 450 g Heidelbeeren, von den Stielen gestreift
- 450 g Kristallzucker
- Saft von 1 Zitrone
- 1 Prise feines Meersalz

ZUBEREITUNG
- Die Heidelbeeren in eine große Keramik- oder Glasschüssel geben und 225 g des Zuckers, den Zitronensaft und das Salz hinzufügen. Gut vermengen.
- Mit Backpapier bedecken und bei Raumtemperatur über Nacht (bis zu 24 Stunden) mazerieren lassen. Die Mischung umrühren, wann immer Sie daran denken (am besten stellt man die Schüssel neben den Wasserkocher!).
- Den Schüsselinhalt in einen großen Topf geben und bei schwacher Hitze unter stetigem Rühren erwärmen.
- Sowie die Mischung warm ist, den restlichen Zucker zugeben und unter stetigem Rühren auflösen.
- Die Hitze hochschalten und die Masse aufkochen, dann sprudelnd kochen, bis die Konfitüre eindickt (siehe *Gelierprobe*, Seite 32).
- Den Topf vom Herd nehmen und 5 Minuten ruhen lassen (sorgfältig abschäumen). Nun umrühren und in warme, sterilisierte Gläser füllen.

Für die ganz besondere Note

LAVENDEL
Geben Sie ½ TL Lavendelblüten zu den Beeren in die Schüssel. Man kann den Kristallzucker auch durch mit Lavendelblüten aromatisierten Zucker ersetzen.

ZITRONENVERBENE
Zitronenverbene *(Aloysia citrodora)* verleiht der Konfitüre einen leichten Hauch von Zitrone. Geben Sie ½ TL fein gehackte frische Blätter zu den Beeren in die Schüssel oder ersetzen Sie den Kristallzucker durch mit Zitronenverbene aromatisierten Zucker.

Aufbewahren: an einem kühlen, trockenen, dunklen Ort; nach dem Öffnen im Kühlschrank
Haltbar: mindestens drei Monate

Beerenfruchtsaft und -sirup

Die Fruchtsäfte und Sirupe, die ich im Haus habe, stelle ich am liebsten aus Beerenobst her, mal nur aus einer Sorte, mal aus einer Mischung … was der Beerengarten halt so bietet … Aber auch Kirschen, Pflaumen oder Rhabarber wandern bei uns in die Flasche. Machen Sie eine Partie aus dem, was gerade Saison hat, wenn die Vorräte bald aufgebraucht sind! Verdünnen Sie den Fruchtsaft mit Wasser – oder geben Sie einen Schuss in einen Cocktail – und fertig ist ein fruchtiges Getränk. Sirup eignet sich auch als Verfeinerung zu Eiscreme oder Pudding.

ERGIBT etwa 1 l Fruchtsaft oder 650 ml Sirup

ZUTATEN

- 1,25 kg Beerenfrüchte (möglich ist jede Beerensorte, auch Johannisbeeren, bzw. Beerenmischung, verlesen und ohne Stiele)
- Kristallzucker (50 g auf 100 ml Fruchtmark, siehe Zubereitung)

ZUBEREITUNG: FRUCHTSAFT

- Größere Beeren grob zerkleinern, damit alle Stücke gleich groß sind.
- Die Beeren in einen großen Topf geben, dessen Boden mit einer dünnen Wasserschicht bedeckt ist.
- Bei schwacher Hitze sachte köcheln, bis die Beeren weich sind und aufplatzen. Dann mit einem Kartoffelstampfer gründlich zerdrücken.
- Den Topfinhalt in einen Passierbeutel geben und ablaufen lassen. Wenn der Saft schließlich nur noch tropft, den Beutel vorsichtig zusammendrücken, damit der Saft wieder rinnt. Steckt keine Flüssigkeit mehr in den Früchten, wird der Beutelinhalt weggeworfen.
- Den Saft abmessen und mit der entsprechenden Zuckermenge in einen sauberen Topf geben. Bei schwacher Hitze den Zucker unter Rühren auflösen, nun alles aufkochen.
- Sobald der Saft kocht, in warme, sterilisierte Flaschen füllen und verschließen.

ZUBEREITUNG: SIRUP

- Vorgehen wie für den Fruchtsaft im Rezept oben, bis der Saft aufkocht. Dann die Hitze so reduzieren, dass der Saft sehr leise köchelt.
- Weiterköcheln, bis der Saft eindickt und sirupartig wird (während des Abkühlens wird der Saft noch dickflüssiger).
- In warme, sterilisierte Flaschen füllen und verschließen.

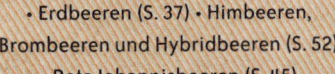

Anpflanzen

- Erdbeeren (S. 37) • Himbeeren, Brombeeren und Hybridbeeren (S. 52)
- Rote Johannisbeeren (S. 45)
- Schwarze Johannisbeeren (S. 49)
- Heidelbeeren (S. 60)

Aufbewahren: an einem kühlen, trockenen, dunklen Ort; nach dem Öffnen im Kühlschrank
Haltbar: mindestens drei Monate

Pflaumen, Zwetschgen und Aprikosen

Pflaumen sind immer schon als Frischobst bekannt, Renekloden, Aprikosen und Zwetschgen sind dagegen schwieriger zu bekommen. Haben Sie also Platz im Garten, lohnt es sich, einen oder zwei Bäume zu pflanzen. Diese Obstgehölze sind alle nahe miteinander verwandt – und werden daher auch in der gleichen Weise kultiviert.

DIE BESTEN SORTEN

Pflaumensorten werden in Koch- und Esssorten unterschieden. Die Kochsorten sind besser für Marmeladen und Gelees geeignet. Weiterhin werden sie unterteilt in Sorten mit leicht auszulösendem Stein (eine Eigenschaft, die man nach dem Entsteinen von 1 kg Pflaumen oder mehr sehr zu schätzen weiß) und solche, deren Stein sich nicht so leicht vom Fruchtfleisch lösen lässt. Beim Kauf mehrerer Bäume müssen Sie darauf achten, dass sie kompatiblen Befruchtersorten angehören (siehe Seite 14) bzw. Selbstbefruchter auswählen. Später blühende Sorten sind zudem besser für kalte Regionen geeignet, wo die Blüte dem Frost zum Opfer fallen kann.

Gute Pflaumensorten sind 'Stanley' und 'Marjorie's Seedling', bei den Renekloden sind es 'Cambridge Gage' oder 'Oullins Gage', bei den Aprikosen 'Flavorcot' ('Bayoto') oder 'Moorpark' (alle selbstbefruchtend) – da sie später fruchten, ist die Frostgefahr während der Blüte geringer. Bei den Zwetschgen kann ich die Sorten 'Farleigh Damson' und 'Prune Damson' (auch bekannt unter der Bezeichnung 'Shropshire Prune') empfehlen.

PFLANZUNG

Pflaumen, Renekloden und Zwetschgen bevorzugen alle einen windgeschützten, sonnigen Standort. Sie eignen sich ideal, um an einer sonnenbeschienenen Hauswand oder an einem Zaun (als traditionelles Fächerspalier oder Säulenobst) gezogen zu werden. Sie tolerieren die meisten Bodenarten, es darf sich allerdings keine Staunässe bilden. Pflanzen Sie wurzelnackte Bäume im Herbst oder gegen Winterende und Containerpflanzen im Herbst oder Frühjahr mit je etwa 2,5 m Abstand zwischen den Bäumen, 4 m Abstand zwischen Fächerspalieren und 75 cm Abstand zwischen Säulen. Binden Sie jeden Baum an einem Stützpfahl oder an Drähten auf.

Sämtliche Pflaumen-, Renekloden- und Zwetschgenbäume auf schwachwüchsigen Unterlagen kann man in großen Kübeln kultivieren. Im Handel findet man auch Zwerg- und Mini-Säulenobstbäumchen, auch Ballerina- oder Cinderellabäumchen genannt, die speziell für Terrasse und Balkon gezüchtet wurden. Nur ist hier die Sortenauswahl wesentlich geringer.

Aprikosen sind sehr widerstandsfähig, doch ihre frühe Blüte ist im gemäßigten Klima aufgrund der Fröste sehr gefährdet. Pflanzen Sie sie an den wärmsten Sonnenplatz, den Sie ihnen zur Verfügung stellen können (am besten an eine Südwand) oder in einen großen Kübel, den Sie im späten Winter oder zeitigen Frühjahr ins Gewächshaus stellen können.

PFLEGE

Im Frühjahr mit organischem Material mulchen. Buschbäume im Frühjahr und Spalierbäume und Säulenobst im Sommer schneiden (siehe *Spalierobst*, Seite 15). Anders als bei anderen Obstbäumen erfolgt bei Pflaumen und verwandten Arten der Gehölzschnitt, wenn sie belaubt sind. Dies beugt einigen der für diese Gattung charakteristischen Krankheiten vor. Sorgen Sie dafür, dass keine Früchte am Baum verfaulen – auch so dämmt man Krankheitsherde ein.

ERNTE

Je nach Sorte sind Pflaumen, Renekloden und Aprikosen ab Mitte Sommer bis Herbst reif und Zwetschgen im Herbst. Schlägt das Wetter um oder haben Sie mit Wespen zu kämpfen, können Sie unreife Früchte pflücken und im Haus nachreifen lassen, doch lassen Sie sie möglichst so lange am Baum, bis sie sich beim geringsten Schubs von selbst vom Ast lösen.

Für:
- Zwetschgengelee (S. 95)
- Reneklodenmarmelade (S. 69)
- Dreifruchtmarmelade (S. 75)
- Mincemeat (S. 89)
- Pflaumenketchup (S. 70)
- Beerenfruchtsaft und -sirup (S. 64)

Reneklodenmarmelade

Reneklodenmarmelade findet man in den Geschäften fast gar nicht und Pflaumenmarmelade kaum häufiger. Das ist wirklich eine Schande, denn beide sind ausgesprochen schmackhaft, ganz leicht gemacht und die Rettung bei einer Obstschwemme.

ERGIBT etwa 1,5 kg

ZUTATEN
- 1 kg Renekloden, entsteint
- Abrieb und Saft von 1 Zitrone
- 1 kg Kristallzucker

ZUBEREITUNG
- Die Steine in einen Passierbeutel geben. Das Fruchtfleisch grob zerkleinern (sodass die fertige Marmelade keine allzu großen Hautstücke enthält) und in einen großen Topf geben.
- Den Zitronenabrieb hinzufügen.
- Die ausgepressten Zitronenhälften in den Passierbeutel füllen, diesen zubinden und in den Topf senken.
- Den Zitronensaft mit kaltem Wasser auf 200 ml aufgießen und in den Topf geben.
- Auf Mittelhitze leise kochen, bis die Früchte sehr weich sind. Den Beutel entnehmen und möglichst viel Saft in den Topf pressen (tragen Sie Gummihandschuhe zum Schutz).
- Die Früchte vorsichtig zerdrücken, um noch verbliebene größere Stücke zu zerkleinern.
- Den Zucker zugeben und unter stetigem Rühren auflösen. Die Hitze hochschalten und die Masse aufkochen.
- Sprudelnd kochen, bis die Marmelade eindickt (siehe *Gelierprobe,* Seite 32). Sorgfältig abschäumen und in warme, sterilisierte Gläser füllen.

Anpflanzen
- Pflaumen, Renekloden, Zwetschgen und Aprikosen (S. 66)
- Zitrusfrüchte: Zitronen (S.101)

Aufbewahren: kühl und trocken
Haltbar: mindestens ein Jahr

Für die ganz besondere Note

PFLAUME
Ersetzen Sie die Renekloden durch Pflaumen und lassen Sie die Zitrone weg.

APRIKOSE
Es lohnt sich, Aprikosenmarmelade selbst zu kochen. Ersetzen Sie die Renekloden einfach durch Aprikosen.

AMARETTO
Mandeln gehören in die gleiche botanische Gattung wie Pflaumen und Renekloden. Daher unterstreicht Amaretto deren Geschmack.
- Rühren Sie unmittelbar vor dem Einfüllen in die Gläser einen Schuss Amaretto (nach Geschmack) in die Marmelade.

Pflaumenketchup

Das Süßsaure der Pflaume passt vorzüglich zu einem Ketchup wie diesem. Das Ingwer- und Knoblaucharoma machen es zu einer idealen Begleitung zu allem, was man traditionell mit Pflaumensoße servieren würde. Genießen Sie es mit Entenrillette auf Salatblättern in einem Hamburgerbrötchen.

ERGIBT etwa 500 ml

ZUTATEN

- 1 Schalotte, längs halbiert
- 3 Knoblauchzehen, ungeschält
- 1 Stück frische Ingwerwurzel (8 cm lang), ungeschält
- 1½ kg Pflaumen, halbiert und entsteint
- Saft von 1 Zitrone
- 1 EL Sojasoße
- 100 g heller Muscovadozucker
- Salz und Pfeffer nach Geschmack

ZUBEREITUNG

- Den Ofen auf 180 °C/Gas Stufe 4 vorheizen.
- Die Zwiebelschichten entfalten und mit den Knoblauchzehen auf dem Boden einer Gratinform ausbreiten. Den Ingwer grob hacken und dazugeben.
- Darauf die Pflaumenhälften schichten. 45 Minuten backen, dann aus dem Ofen nehmen und 15 Minuten ruhen lassen.
- Den Inhalt der Gratinform durch ein Sieb in einen großen Topf streichen. Zurück bleiben nur die Schalen.
- Den Zitronensaft und die Sojasoße zum Püree geben und auf Mittelhitze zum Köcheln bringen.
- Den Zucker zur köchelnden Masse geben und unter Rühren auflösen. Weiterköcheln, bis das Ketchup eindickt und reduziert. Dabei regelmäßig umrühren (30–40 Minuten). Das Ketchup sollte eine dickliche, jedoch nicht zu flüssige Konsistenz haben, d. h., von einem Löffel sollte es sich reißend lösen und nicht ablaufen.
- Mit Salz und Pfeffer abschmecken und in warme, sterilisierte Flaschen füllen und verschließen.

Anpflanzen

- Pflaumen (S. 66) • Schalotten (S. 129) • Knoblauch (S. 121)
- Zitrusfrüchte: Zitronen (S. 101)

Aufbewahren: kühl und trocken
Haltbar: mindestens drei Monate; nach dem Öffnen mindestens ein Monat

Kühlschrank-Beerenmarmelade

Die Kühlschrank-Beerenmarmelade ist genau das, was auf dem Glas steht – was die Gelierung und Konservierung anbelangt, ist sie auf die Kälte des Kühlschranks angewiesen und enthält deshalb weniger Zucker. Sie ist nicht so lange haltbar wie konventionelle Marmelade, weshalb hier die Mengen absichtlich so gering ausfallen. Ich mache gerne ein wenig Kühlschrankmarmelade für den sofortigen Verzehr und dann andere, um über den Winter zu kommen. Himbeeren und Erdbeeren eignen sich hierfür am besten, man kann aber ebenso Brombeeren oder Hybridbeeren verwenden.

ERGIBT etwa 550 g

ZUTATEN

- 500 g Erdbeeren, Himbeeren, Brombeeren oder Hybridbeeren, verlesen
- 250 g Gelierzucker

ZUBEREITUNG

- Größere Früchte (d. h. große Erdbeeren) halbieren oder vierteln, damit alle etwa gleich groß sind.
- Etwa die Hälfte der Früchte in einen großen Topf geben und mit einem Kartoffelstampfer grob zerdrücken. Nun die restlichen Früchte zugeben.
- Die Früchte bei schwacher bis mittlerer Hitze langsam erwärmen. Sowie sie köcheln, den Zucker hinzufügen und unter Rühren auflösen.
- Aufkochen und 5 Minuten (Erdbeeren: 7 Minuten) sprudelnd kochen.
- Den Topf vom Herd nehmen und 5 Minuten ruhen lassen. Dann in warme, sterilisierte Gläser füllen.
- Sowie sich die Gläser auf Raumtemperatur abgekühlt haben, in den Kühlschrank stellen.

Anpflanzen
- Himbeeren, Brombeeren und Hybridbeeren (S. 52) • Erdbeeren (S. 37)

Aufbewahren: im Kühlschrank
Haltbar: verschlossen mindestens einen Monat; nach dem Öffnen nur bis zu einem Monat

Brombeermarmelade

Früher kochte ich aus meinen Brombeeren Gelee, aber in meinen gierigen Augen kam mir das Ergebnis, verglichen mit der Pflückzeit und der ergatterten Menge immer armselig vor. Diese geschmacksintensive und herrliche Marmelade – der Inbegriff für spätsommerliche Ernten und Vorbote des herannahenden Herbstes und dabei auch noch meine Lieblingsfüllung für Streuselkuchen – ist die Antwort.

ERGIBT etwa 1,2 kg

ZUTATEN
- 250 g Kochäpfel, geschält, entkernt und in Stücke geschnitten
- 500 g Brombeeren
- 150 ml Wasser
- 750 g Kristallzucker

ZUBEREITUNG
- Die vorbereiteten Äpfel mit den Brombeeren und dem Wasser in einen Topf geben und bei schwacher Hitze sehr leise kochen, bis die Früchte weich sind.
- Die Masse mit einem Kartoffelstampfer zerdrücken.
- Den Zucker beigeben und solange unterrühren, bis er sich aufgelöst hat.
- Die Hitze hochschalten und die Masse aufkochen. Sprudelnd kochen, bis die Marmelade eindickt (siehe *Gelierprobe*, Seite 32).
- Sorgfältig abschäumen und in warme, sterilisierte Gläser füllen.

Für die ganz besondere Note

LORBEER
Brombeeren und Lorbeer *(Laurus nobilis)* sind eine einzigartige Kombination.
- Geben Sie mit den Früchten 6 Lorbeerblätter in den Topf.
- Nehmen Sie die Lorbeerblätter vor der Zuckerzugabe heraus.

Anpflanzen
- Brombeeren (S. 52)
- Äpfel (S. 76)
- Lorbeer (S. 154)

Aufbewahren: an einem kühlen, trockenen, dunklen Ort
Haltbar: mindestens ein Jahr

SPÄTSOMMER UND HERBST

Dreifruchtmarmelade

Hierbei handelt es sich um eine volks-
tümlich überlieferte Rezeptur. Es wird
erzählt, dass diese in England Dumpsideary Jam genannte Marmelade von
einem gewissen Mister Dumpsideary
(oder Dumpsidearie) erfunden wurde,
als es seine Frau nach Marmelade
gelüstete und sie nur etwas Fallobst
und ein paar Gewürze im Haus hatten.
Woher es auch stammen mag, es ist
ein zweckmäßiges Rezept, wenn man
von verschiedenen Obstsorten jeweils
nur kleine Mengen hat. Traditionell
werden auch Nelken mitgekocht, doch
m. E. reicht bereits die Zimtstange,
um das Herannahen des Herbstes
anzukündigen. Der Passierbeutel wird
während der gesamten Kochzeit in
der Fruchtmasse mitgekocht. Vielleicht
kochen Sie die Früchte deswegen
zunächst in einem schmalen, hohen
Topf und nach der Zuckerzugabe in
einem großen Topf.

ERGIBT etwa 900 g

ZUTATEN
- 300 g Pflaumen, halbiert und entsteint
- 300 g Birnen, geschält, entkernt und zerkleinert
- 300 g Kochäpfel, geschält, entkernt und in Scheiben geschnitten
- Saft von 1 Zitrone
- 1 Zimtstange
- 100 ml Wasser
- 780 g Kristallzucker

ZUBEREITUNG
- Die Pflaumensteine in einen Passierbeutel geben.
- Die Früchte mit dem Zitronensaft in einen hohen Topf und die Zitronen-
  hälften mit der Zimtstange zu den Steinen in den Passierbeutel geben.
  Diesen zubinden und zu den Früchten in den Topf geben.
- Das Wasser zugeben, einen Deckel auflegen und bei schwacher Hitze
  unter regelmäßigem Rühren kochen, bis die Früchte weich und breiig
  sind (größere Stücke mit der Rückseite eines Löffels an der Topfwand
  zerdrücken).
- Den Beutel heraus nehmen und die Flüssigkeit in den Topf pressen.
  Den Beutelinhalt wegwerfen.
- Den Zucker zur Fruchtmasse geben und unter Rühren auflösen.
  Die Masse aufkochen.
- Sprudelnd kochen, bis die Marmelade eindickt (siehe *Gelierprobe*,
  Seite 32).
- Sorgfältig abschäumen und in warme, sterilisierte Gläser füllen.

Anpflanzen
- Pflaumen (S. 66)
- Birnen (S. 86) • Äpfel (S. 76)
- Zitrusfrüchte: Zitronen (S. 101)

Aufbewahren: an einem kühlen, trockenen, dunklen Ort
Haltbar: mindestens ein Jahr

Äpfel kultivieren

Einen Garten zu haben, so groß, dass man einen Obstgarten anlegen kann, ist immer noch einer meiner lang gehegten Träume. Das Glück, frische Äpfel vom Baum zu haben und die überreiche Fülle von Früchten ist unvergleichlich – selbst wenn man auf dem besten Wochenmarkt einkauft. Bis dahin werde ich meine Obstbäume in großen Töpfen ziehen, denn Platzmangel ist wirklich kein Hinderungsgrund, wenn es um das Kultivieren von Obstbäumen geht, vor allem von Apfelbäumen, die sich in so vielfältiger Weise erziehen lassen.

DIE BESTEN SORTEN

Sowohl Kochäpfel als auch Äpfel zum Frischverzehr sind abhängig vom Rezept zum Einmachen geeignet. Kochäpfel zerfallen zu Mus, während Tafeläpfel länger ihre Form behalten und zunächst süßer sind. Wählen Sie die richtigen Unterlagen und Befruchtersorten (siehe Seite 14) oder pflanzen Sie zur Förderung der Befruchtung zusätzlich einen Zierapfel.

Zu den Kochsorten zählen der Klassiker 'Bramley's Seedling', oder versuchen Sie es mit 'Blenheim Orange', einem guten Koch- und Tafelapfel.

Es gibt Hunderte Tafelapfelsorten, und vielleicht möchten Sie alte heimische Sorten pflanzen, meine Favoriten sind 'Cox's Orange Pippin', 'Orleans Reinette', 'Ashmead's Kernel'und 'Egremont Russet'.

PFLANZUNG

Apfelbäume wachsen im Halbschatten, gedeihen jedoch üppiger an einem sonnigen, luftigen Standort. Pflanzen Sie wurzelnackte Bäume während der Winterruhe, Containerpflanzen im Herbst und Frühjahr. Bis auf sumpfigen Grund tolerieren sie die meisten Böden und Standorte. Stützen Sie frei stehende Bäume mit einem Stützpfahl ab oder ziehen Sie sie an einem Drahtspalier (siehe Seite 15).

PFLEGE

Man schneidet frei stehende Apfelbäume zwischen Laubfall und Austrieb, Spalierbäume im Sommer und dann im Winter nach Bedarf (siehe Seite 16). Im Frühling mit gut verrottetem organischem Material mulchen und mit Langzeitdünger versorgen. In Trockenperioden wässern, vor allem während der Blüte und der Fruchtentwicklung. Im Hochsommer die Früchte ausdünnen, d. h., die beiden oder die drei dicksten Äpfel jedes Fruchtbüschels hängen lassen, auch wenn der Baum im Frühsommer bereits selbst viele Äpfelchen abgeworfen hatte. Dem Spalierobst tut das Ausdünnen besonders gut.

ERNTE

Von Spätsommer bis Spätherbst je nach Sorte. Fallobst deutet darauf hin, dass die Früchte reifen. Äpfel sind reif, wenn der Stiel beim Anheben des Apfels leicht vom Zweig bricht.

ZIERÄPFEL

Zierapfelbäume sind ideal für den kleinen Garten. Sie produzieren große Mengen Blüten und Früchte, die sich wunderbar einmachen lassen. Man pflanzt sie besser als frei stehende Bäume statt als Spalierbäume. Sie müssen nur minimal geschnitten werden – Ausputzen reicht (siehe Seite 16) – und werden ansonsten wie Koch- oder Tafelapfelbäume gepflegt (siehe oben). Gute Sorten sind 'Golden Hornet', 'Profusion' und 'John Downie'.

Für:

- Apfelchutney (S. 82)
- Englische Marmelade aus Fallobst (S. 79) • Apfelkuchencreme (Apfelkuchencurd) (S. 80) • Schwarze Butter (S. 85) • Senffrüchte (S. 88)
- Mincemeat (S. 89) • Marmelade aus Schwarzen Johannisbeeren (S. 50)
- Brombeermarmelade (S. 72)

Englische Marmelade aus Fallobst

Eine englische Marmelade muss nicht immer nur aus Orangen gekocht werden. Diese Alternative ist eine ausgezeichnete Möglichkeit, um Falläpfel zu verwerten. Rote Grapefruits schenken ihr die traditionelle Farbe und liefern die hauchdünnen Streifen aus der Fruchtschale. Da Falläpfel meist große Schadstellen haben, muss alles Nichtmakellose vor dem Wiegen der Fruchtmenge herausgeschnitten werden.

ERGIBT etwa 1,3 kg

ZUTATEN

- 2 rote Grapefruits
- 500 g Falläpfel (Koch- oder Tafeläpfel), geschält, entkernt und in Scheiben geschnitten
- 1,5 l Wasser
- 1,1 kg Kristallzucker

ZUBEREITUNG

- Die Schale der Grapefruit mit einem Sparschäler in breiten Streifen abschälen und diese in feinste kurze Streifen schneiden. Das Fruchtfleisch von der weißen Unterhaut lösen.
- Die Haut in einen Passierbeutel geben und das Fleisch in Stückchen schneiden. Dabei alle Häutchen entfernen, damit sie in der fertigen Marmelade keine Klümpchen bilden.
- Die Apfelschalen und Kerngehäuse in den Passierbeutel geben, die Apfelscheiben samt Grapefruitstreifen und Grapefruitfleisch in einen Topf geben.
- Den Passierbeutel zubinden und mit dem Wasser in den Topf geben.
- Aufkochen, nun die Hitze herunterschalten und ohne Deckel etwa 2 Stunden köcheln lassen, bis die Schalen weich sind und der Topfinhalt um die Hälfte eingekocht ist.
- Zum Schutz Gummihandschuhe anziehen. Den Beutel herausnehmen und möglichst viel Saft in den Topf pressen. Den Beutelinhalt wegwerfen.
- Den Zucker zugeben und unter stetigem Rühren auflösen. Nun die Marmelade aufkochen. Sprudelnd kochen, bis sie eindickt (siehe *Gelierprobe*, Seite 32).
- Den Topf vom Herd nehmen und 10 Minuten ruhen lassen, damit sich die Fruchtstreifen in den Gläsern gut verteilen.
- Umrühren und in warme, sterilisierte Gläser füllen.

Aufbewahren: an einem kühlen, trockenen, dunklen Ort
Haltbar: mindestens ein Jahr

Anpflanzen
- Äpfel (S. 76)
- Zitrusfrüchte: Grapefruits (S. 101)

Apfelkuchencreme (Apfelkuchencurd)

Natürlich enthält diese Creme keinen Apfelkuchen, aber sie schmeckt genau wie Apfelkompott mit Vanillesoße. Gießen Sie sie auf kleinen Törtchen – und fertig ist ein schneller Apfelkuchen – oder wie andere Cremes oder Aufstriche.

Ich habe unten keine spezielle Rezeptvariante aufgeführt, doch wer Zimt im Apfelkuchen mag, kann auch hier vor dem Abfüllen der Gläser nach Geschmack mit Zimt würzen.

ERGIBT 350 g

ZUTATEN

- 1 großer Kochapfel (300–350 g), geschält, entkernt und grob zerkleinert
- Saft von ½ Zitrone
- 2 Eier
- 50 g ungesalzene Butter, gewürfelt
- 100 g Streuzucker

ZUBEREITUNG

- Das Apfelfruchtfleisch und die -schale mit ein wenig Wasser (gerade so viel, dass der Apfel nicht ansetzt) in einen kleinen Topf geben. Bei schwacher bis mittlerer Hitze ohne Deckel sehr leise unter häufigem Rühren kochen, bis das Apfelfruchtfleisch weich und breiig ist. Den Topfinhalt durch ein Sieb in eine große Keramik- oder Glasschüssel streichen. Die abgeseihte Schale wegwerfen.
- Zitronensaft, Eier, Butter und Zucker in die Schüssel geben. Diese bei Mittelhitze als Wasserbadschüssel über einen Topf mit schwach köchelndem Wasser setzen. Die Schüssel muss genau auf den Topf passen, darf mit dem Wasser selbst jedoch nicht in Berührung kommen.
- Alle Zutaten (Butterflöckchen sind zu diesem Zeitpunkt genau richtig) mit dem Schneebesen verschlagen. Nun einen Holzlöffel verwenden (Utensilien aus Metall können das Aroma verderben) und 10–15 Minuten stetig rühren, um die Masse vom Schüsselboden zu lösen, damit die Eier nicht stocken.
- Die Creme ist fertig, wenn sie am Löffelrücken haftet und der Finger, den man darüberzieht, eine Spur hinterlässt. Lassen Sie die Creme abkühlen und noch fester werden.
- Die Creme in warme, sterilisierte Gläser füllen.

Für die ganz besondere Note

APFELKUCHEN-BROMBEER-CREME

- Einen kleineren Apfel (250–300 g) verwenden und 50–75 g Brombeeren zum Apfelfruchtfleisch und der -schale geben.
- Um auch die Brombeerkerne zu erwischen, die sich beim ersten Durchstreichen durchgemogelt haben, seiht man die Creme vor dem Einfüllen ein zweites Mal ab.

APFELKUCHEN-QUITTEN-CREME

- Verwenden Sie einen Apfel und eine Quitte, beide von 150–175 g Gewicht.
- Die Quitte mit einem Tuch abreiben, um den Flaum zu entfernen. Dann schälen und entkernen. Das Quittenfruchtfleisch in sehr dünne Scheiben schneiden, damit es die gleiche Garzeit wie der Apfel hat.
- Nur das Quittenfruchtfleisch zum Apfelfruchtfleisch und zur -schale in den Topf geben.

Aufbewahren: im Kühlschrank
Haltbar: etwa einen Monat

Anpflanzen

• Äpfel (S. 76) • Zitrusfrüchte:
Zitronen (S. 101) • Quitten (S. 96)
• Brombeeren (S. 52)

Apfelchutney

Dieses klassische Herbstchutney schmeckt vorzüglich zu Käse und vor allem zu Schweinefleisch. Die Tafeläpfel und Walnüsse machen es etwas kernig, und der Salbei tritt nur ganz dezent auf. Soll er sich stärker durchsetzen, geben Sie nach Geschmack einfach ein wenig mehr dazu.

ERGIBT etwa 1,5 kg

ZUTATEN

- 375 g rote Zwiebeln, fein gehackt
- 675 Kochäpfel, geschält, entkernt und in dünne Scheiben geschnitten
- 225 g Tafeläpfel, geschält, entkernt und in dünne Scheiben geschnitten
- 200 g Sultaninen
- 300 ml Cidreessig
- 100 ml Wasser
- 300 g Rohrzucker
- 1 TL Salz
- 3 EL fein gehackte Salbeiblätter (nach Belieben)
- 100 g Walnüsse, grob zerhackt (nach Belieben)

ZUBEREITUNG

- Die Zwiebelwürfel in einen großen Topf geben. Das Apfelfruchtfleisch mit allen anderen Zutaten dazugeben.
- Bei schwacher bis mittlerer Hitze unter Rühren alles gut miteinander vermischen und den Zucker auflösen.
- Ohne Deckel etwa 2 Stunden sehr leise köcheln lassen oder bis ein am Topfboden entlang gezogener Kochlöffel eine deutliche Spur hinterlässt. Währenddessen regelmäßig umrühren.
- In warme, sterilisierte Gläser füllen und vor dem Verzehr einen Monat durchziehen lassen.

Anpflanzen
- Äpfel (S. 76)
- Zwiebeln (S. 129)
- Salbei (S. 157)

Aufbewahren: an einem kühlen, trockenen, dunklen Ort; nach dem Öffnen im Kühlschrank
Haltbar: mindestens ein Jahr

Schwarze Butter

Schwarze Butter ist ein traditionelles Rezept von der Insel Jersey. Die Rezeptur ist ein streng gehütetes Geheimnis, aber die Zutatenliste auf dem Glas, das ich gekauft habe, gibt genügend Hinweise – hier meine Interpretation, sie kommt dem Original schon recht nahe. Sie ist dunkel und zuckersüß, der Stern am Marmeladenhimmel, vollmundig und geschmacksintensiv. Krönen Sie doch einmal ein Vanilleeiscreme damit.

Für die ganz besondere Note

MIT APFELBRANNTWEIN
Für eine alkoholische Note geben Sie beim Unterrühren des Zuckerrübensirups und der Gewürze einen Schuss Apfelbranntwein hinzu.

ERGIBT etwa 1,35 kg

ZUTATEN
- 1,2 l Cidre (süß oder halbtrocken)
- 1,5 kg Tafeläpfel, geschält, entkernt und in dünne Scheiben geschnitten
- Abrieb und Saft von 2 Zitronen
- Kristallzucker (50 g auf 100 ml Fruchtmark, siehe Zubereitung)
- 100 g Zuckerrübensirup
- 15 g Lakritz, sehr fein gewürfelt
- 1 TL Gewürzmischung
- 1 TL gemahlener Zimt

ZUBEREITUNG
- Den Cidre in einen großen Topf gießen und aufkochen. Weiterkochen, bis sich sein Volumen auf 600 ml reduziert hat.
- Unterdessen die Apfelscheiben vorbereiten. Dabei die Scheiben immer wieder mit dem Zitronensaft durchmischen, sodass sie nicht braun werden.
- Die Apfelscheiben, den Zitronenabrieb und -saft zum reduzierten Cidre geben und unter regelmäßigem Rühren leise kochen, bis die Masse weich und breiig ist und einkocht.
- Ich gebe gerne den Klumpen Apfelfruchtfleisch in die fertige Butter, um ihr etwas Biss zu geben. Falls Sie jedoch eine glattere Konsistenz bevorzugen, pürieren Sie die Masse nun samtig.
- Das Fruchtmark abmessen und die entsprechende Zuckermenge abwiegen.
- Fruchtmark und Zucker in einen sauberen Topf geben und die restlichen Zutaten hinzufügen. Bei schwacher Hitze leise köcheln. Dabei häufig umrühren, damit nichts am Topfboden ansetzt. Doch seien Sie vorsichtig, es spritzt.
- Den Topf vom Herd nehmen, sobald die Mischung eingedickt und die Flüssigkeit verdampft ist.
- Sofort in warme, sterilisierte Gläser füllen.

Anpflanzen
- Äpfel (S. 76)
- Zitrusfrüchte: Zitronen (S. 101)

Aufbewahren: an einem kühlen, trockenen, dunklen Ort
Haltbar: mindestens ein Jahr

Birnen kultivieren

In einem Obstgarten können Birnbäume neben Apfelbäumen etwas schmächtig wirken – sie sind generell kleiner und schmaler – doch als Spalierobst gezogen, kommen Blüte und Frucht sehr gut zur Geltung. Es dauert einige Jahre, bis ein Birnbaum trägt, ist er aber erst einmal ausgewachsen, werden Sie jedes Jahr ohne viel Einsatz genügend Obst zum Essen, Einmachen und Verschenken haben.

DIE BESTEN SORTEN

Wie bei allen Baumfrüchten ist es wichtig, die richtigen Befruchtersorten sowie die für die Platzsituation geeignete Unterlage (siehe Seite 14) zu wählen. Birnen werden in Koch- und Esssorten unterschieden, beide sind zum Einmachen geeignet. 'Conference' mit ihrem vorzüglichen Aroma (weshalb sie so verbreitet ist) ist eine bewährte Tafelbirne, während die launische 'Doyenné du Comice', ebenfalls eine Esssorte ist, wegen ihres Geschmacks aber den Ärger lohnt. Auch die Kochbirne 'Black Worcester' ist eine gute Wahl.

PFLANZUNG

Pflanzen Sie wurzelnackte Bäume während der Winterruhe, Containerpflanzen im Herbst oder Frühjahr. Spannen Sie dann auch gleich die Spalierdrähte (falls Sie die Bäume am Spalier ziehen) und geben Sie frei stehenden Bäumen einen Stützpfahl. Birnen blühen früh. Daher sind die Blüten durch Frühjahrsstürme und -fröste gefährdet. Pflanzen Sie Birnbäume an einem geschützten, warmen Standort. Man kann sie auch in großen Trögen ziehen. Dann jedoch muss man einen Baum auf einer schwachwüchsigen Unterlage wählen.

PFLEGE

In Trockenperioden wässern, vor allem während der Blüte und der Fruchtentwicklung. Im späten Frühling oder Frühsommer den Großteil der Früchte größerer Fruchtbüschel ausdünnen, damit sich schöne große Birnen entwickeln. Der jährliche Gehölzschnitt erfolgt bei Spalierobst im Sommer und bei frei stehenden Bäumen im Winter (siehe Seite 16).

ERNTE

Birnen sind reif, wenn der Stiel beim vorsichtigen Anheben der Frucht von selbst vom Zweig bricht. Je nach Sorte kann das von Spätsommer bis Mitte Herbst der Fall sein. Das Fruchtfleisch ist dann noch hart, und Kochbirnen haben eine leicht körnige Konsistenz, schmecken aber bereits süß. Man lässt sie im Haus etwas nachreifen. Genussreif sind sie, wenn sie auf sanften Druck in der Nähe des Stiels nachgeben.

Für:
- Birnenkaramell (S. 91)
- Fruchtkonfekt (S. 100)
- Senffrüchte (S. 88)

Senffrüchte

Dieses italienische Relish ist auch unter der Bezeichnung Mostarda di Frutta oder Mostarda di Cremona bekannt. *Der Silberlöffel,* die Bibel der italienischen Küche, definiert es als «eine italienische Spezialität aus kandierten Früchten, eingelegt in einem Sirup aus Honig, Senf und Wein. Kann mild oder kräftig sein und wird zu gebratenem oder gekochtem Fleisch und würzigen Käsesorten gereicht ... für Salatdressings und zum Abschmecken von Eintopfgerichten.»

Man beachte: Pflaumen und rote Weinbeeren färben den Zuckersirup rosa.

Anpflanzen
• Äpfel (S. 76) • Birnen (S. 86) • Quitten (S. 96) • Pflaumen, Renekloden, Zwetschgen und Aprikosen (S. 66) • Weinreben (S. 92)

Aufbewahren: kühl und trocken
Haltbar: mindestens sechs Monate; nach dem Öffnen einen Monat

ERGIBT etwa 1,2 kg

ZUTATEN

- 1,3 kg Herbstfrüchte (Tafeläpfel, Birnen, Quitten, Pflaumen, Renekloden, Trauben – am besten eine Mischung aus einigen oder allen genannten Obstsorten)
- 300 ml Weißweinessig
- 450 g Kristallzucker
- 200 g Honig
- 300 ml Wasser
- 7 EL Senfpulver
- 1 TL Salz

ZUBEREITUNG

- Die Früchte vorbereiten: Äpfel, Birnen und Quitten schälen, entkernen und in Viertel oder Sechstel schneiden. Pflaumen, Renekloden und Aprikosen halbieren und entsteinen. Trauben von den Stielen streifen.
- Essig, Zucker, Honig und Wasser in einen großen Topf geben und langsam aufkochen, dabei Zucker und Honig unter Rühren auflösen. Unterdessen den Sirup sorgfältig abschäumen.
- Im beständig köchelnden Sirup die Früchte eintauchen und unter vorsichtigem und häufigem Rühren (sorten- und portionsweise kochen. Man beginnt mit den helleren Früchten und kocht jede Sorte, bis sie eben weich ist. Die Quitten brauchen am längsten, gefolgt von Äpfeln, Birnen, Pflaumen/Renekloden/Aprikosen und schließlich den Trauben. Ist eine Portion fertig gekocht, heben Sie sie mit einer Schaumkelle aus dem Topf in eine große Keramik- oder Glasschüssel.
- Nachdem die letzte Portion aus dem Topf gehoben ist, den Sirup über die Früchte gießen.
- Mit Backpapier bedecken und bei Raumtemperatur 24 Stunden mazerieren lassen.
- Den Sirup in einen Topf abgießen und zum Köcheln bringen. Die Früchte dazugeben und aufkochen, dann vom Herd nehmen.
- Die Früchte herausheben und in ein warmes, sterilisiertes Glas füllen (ideal ist ein großes Bügelglas). Dabei die verschiedenen Obstsorten schichtweise einfüllen und nicht mit den Trauben enden, sie würden obenauf schwimmen.
- Senfpulver und Salz in den Sirup einrühren und auflösen, dann den Topf wieder erhitzen.
- So viel kochenden Sirup über die Früchte gießen, dass sie zwar bedeckt sind, aber unterhalb des Glasrands noch Platz ist.
- Verschließen und mindestens 2 Wochen durchziehen lassen.

Mincemeat

Wer im Herbst diese fruchtige, nahezu fettfreie Version von Mincemeat in die Gläser bringt (und auch schon das Gebäck backt und einfriert), ist zu Weihnachten wirklich fein raus. Sollte etwas übrig bleiben: Ein oder zwei Löffel davon schmecken auch köstlich in einem Apple Pie oder Crumble. Hier finden Sie meine Interpretation von Pam Corbins Rezept aus ihrem *River Cottage Handbuch Einmachen: Konfitüren, Chutneys, Sirupe, Liköre, Essige, Eingelegtes und Soßen.*

ERGIBT etwa 2 kg

ZUTATEN

- Zesten und Saft von 2 großen Orangen
- 250 g Zwetschgen
- 750 g Pflaumen, halbiert und entsteint
- 500 g Tafeläpfel, geschält, entkernt und in 1 cm große Würfel geschnitten
- 600 g Sultaninen
- 100 g englische Marmelade
- 250 g Rohrzucker
- ½ TL gemahlene Nelken
- 2 TL gemahlener Ingwer
- ½ Muskatnuss, fein gerieben
- 100 g gehackte Mandeln
- 3 EL Amaretto

ZUBEREITUNG

- Den Orangensaft mit den ganzen Zwetschgen und den vorbereiteten Pflaumen in einen großen Topf geben. Leise kochen, bis die Früchte weich sind.
- Apfelwürfel, Sultaninen, englische Marmelade, Zucker, Gewürze, Mandeln und die Orangenzesten in eine große Backform geben und gut miteinander vermengen.
- Die Zwetschgen-Pflaumen-Mischung durch ein Sieb streichen, sodass ein Püree entsteht. Arbeiten Sie portionsweise und werfen Sie die im Sieb verbliebenen Häute und Steine weg. Sie benötigen 700 g Püree.
- Das Püree über den Inhalt der Backform gießen und alles gut vermischen. Die Form mit Folie abdecken und bei Raumtemperatur 12 Stunden mazerieren lassen.
- Den Backofen auf 130 °C/Gas Stufe 1 vorheizen und die Folie von der Form entfernen. Das Mincemeat 2½ Stunden backen.
- Den Amaretto untermischen.
- Die Masse löffelweise in warme, sterilisierte Gläser füllen. Dabei immer wieder mit einem Löffel in den Inhalt stechen, damit Luftblasen entweichen können.

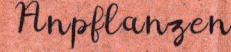

Anpflanzen
• Pflaumen und Zwetschgen (S. 66) • Äpfel (S. 76)
• Zitrusfrüchte: Orangen (S. 101)

Aufbewahren: an einem kühlen, trockenen, dunklen Ort
Haltbar: mindestens ein Jahr

Birnenkaramell

Das delikate Birnenaroma kommt in dieser traumhaften Karamellsoße nur umso intensiver zur Geltung – sie erinnert an Lütticher Delikatesse, einem nach alter Tradition hergestellten Brotaufstrich aus Belgien. Verwenden Sie sie anstelle von Ahornsirup Zuckerrübensirup, vor allem aber zum Beträufeln von Pfannkuchen. Birnenkaramell büßt im Kühlschrank aufbewahrt sein Aroma ein und ist nach dem Öffnen nicht lange haltbar. Füllen Sie ihn also in lauter kleine Gläschen oder Fläschchen, statt in nur ein großes.

ERGIBT 700–800 ml

ZUTATEN

- 1 kg Birnen, geschält, entkernt und grob in Scheiben geschnitten
- 450 g Äpfel (Tafel oder Koch), geschält, entkernt und grob in Scheiben geschnitten
- 200 g heller Muscovadozucker
- 100 g dunkler Muscovadozucker

ZUBEREITUNG

- Äpfel und Birnen samt Schalen und Kerngehäusen in einen großen Topf geben und ein wenig Wasser hinzufügen, gerade so viel, dass die Früchte nicht direkt auf dem Topfboden liegen und ansetzen.
- Bei schwacher Hitze 1 Stunde sehr leise köcheln, bis die Früchte sehr weich sind und zerfallen.
- Die Früchte vorsichtig zerdrücken und in einem Passierbeutel in einen sauberen Topf geben.
- Den Passierbeutel vorsichtig zusammendrücken, sodass eine Flüssigkeit gleichmäßiger Konsistenz ohne zu viel Fruchtmark in den Topf läuft. Der Saft muss aber nicht klar sein. Es sollten sich 700–800 ml Flüssigkeit ergeben.
- Den Inhalt des Passierbeutels wegwerfen.
- Den Zucker zur Flüssigkeit geben und den Topf bei schwacher Hitze erhitzen. Langsam zum Köcheln bringen und den Zucker unter Rühren auflösen.
- 30 Minuten weiterköcheln, bis die Flüssigkeit eindickt und sirupartig wird. (Während des Abkühlens wird der Karamell noch fester.)
- In warme, sterilisierte Flaschen füllen und verschließen.

Aufbewahren: an einem kühlen, trockenen, dunklen Ort; vor jedem Gebrauch gut schütteln
Haltbar: sechs Monate; nach dem Öffnen 2–4 Wochen

Anpflanzen
- Birnen (S. 86)
- Äpfel (S. 76)

Weinreben kultivieren

Wahrscheinlich wird deshalb alles über die Kultivierung der Weinrebe gerne mit unverständlicher Fachsprache verschleiert, weil sie schon in der Antike eine Kulturpflanze war. Heutzutage kommt der Hobbywinzer an Weinreben aber wesentlich leichter heran, als ihre Mystifizierung annehmen ließe. Rebstöcke tolerieren die meisten Bedingungen, wer indes optimale Ernten erzielen möchte, sollte die wenigen unten aufgeführten einfachen Regeln beachten.

DIE BESTEN SORTEN

Weinreben werden in zwei Arten unterteilt: Tafeltrauben (zum Essen) und Keltertrauben (zur Herstellung von Wein). Erstere wurden aus Letzteren gezüchtet, um größere, süßere und festere Trauben zu erhalten, die sich besser um die ganze Welt transportieren lassen. Wenn Sie eigene Rebstöcke anpflanzen, wählen Sie am besten Keltertraubensorten. Diese Trauben verfügen über eine größere Aromapalette und liefern, wenn im Außenbereich gezogen, zuverlässigere Erträge. Zu den empfehlenswerten Rotweinsorten zählen 'Boskoop Glory', 'Pinot Noir' und 'Concord Seedless'. Gute Weißweinsorten sind 'Siegerrebe' und 'Phoenix'.

PFLANZUNG

Gekauft werden Weinreben üblicherweise im Topf – Pflanzzeit ist im Herbst oder vorzugsweise im Frühjahr, wenn die kältesten Fröste vorbei sind. Setzen Sie sie an den sonnigsten Platz, den Sie haben – idealerweise ziehen Sie sie an einer sonnigen Mauer oder einem Zaun. Weinreben können Sie auch im Topf oder am Spalier im Gewächshaus kultivieren. Bei einem eher kleinen Gewächshaus würde ich sie jedoch ins Freie pflanzen und das Gewächshaus den Pflanzen überlassen, die wirklich darauf angewiesen sind.

Im Handel sind allerlei komplizierte Systeme für die Weinrebenkultivierung erhältlich; reiche Erträge und gesunde Pflanzen erzielt man aber auch, wenn man sie als eine Kombination aus Säule und Spalier zieht (siehe auch Seite 15). Die mit 30 cm Abstand gezogenen Spalierdrähte sind vor der Pflanzung einzurichten.

PFLEGE

Um Weintrauben an einer Mauer oder einem Spalier zu ziehen, lässt man einen einzelnen mittigen Hauptstamm beliebig hoch wachsen, zieht dessen seitliche Fruchtholztriebe zu den nächstgelegenen Führungsdrähten und beseitigt sämtliche zwischen den Drähten befindlichen Seitentriebe des Hauptstamms. Schneiden Sie in jedem Winter die Seitentriebe bis auf zwei Augen vom Hauptstamm entfernt zurück.

Für eine bessere Luftzirkulation empfiehlt es sich, auch im Sommer zu schneiden. Dies reduziert das Risiko von Infektionskrankheiten wie Mehltau. Der Sommerschnitt bringt auch mehr Licht an die Frucht und sorgt für eine schnellere Fruchtreifung. Schneiden Sie die Enden der Seitentriebe ab, sodass pro Seitentrieb nur ein Fruchtstand verbleibt. Entfernen Sie ebenfalls das Laub um die Fruchtstände herum (man kann es für gefüllte Weinblätter verwenden).

Rebstöcke in Stockkultur benötigen einen großen Kübel sowie einen starken Stützpfahl. Halten Sie den Hauptstamm bis auf eine Höhe von 1 m laubfrei und lassen Sie dann fünf oder sechs Ranken zu einer Kugelform wachsen. Kürzen Sie diese Ruten auf zwei Augen im Winter und fünf Blätter im Sommer. Möglicherweise müssen Sie die Ruten wegen des Gewichts der Trauben auch am Stützpfahl aufbinden.

Im ersten Jahr und bei sehr trockenen Perioden ausgiebig wässern. Im Übrigen benötigt der Wein weder Wasser noch Dünger – es sei denn, er wächst im Topf.

ERNTE

Weinbeeren sind reif, wenn sie schon etwas weich und süß sind, eine kräftige Farbe haben und die Samenkerne (falls vorhanden) braun gefärbt sind. Die Fruchtstände reifen von oben nach unten. Daher testet man kurz vor der Lese im Spätsommer und Herbst die unteren Beeren. Die noch etwas unreifen Beeren kann man zum Einmachen verwenden.

Für:
• Weinbeerengelee (S. 93)
• Senffrüchte (S. 88)

Weinbeerengelee

Dieses Gelee ist absolut vielseitig einsetzbar. Es passt genauso gut zu Erdnussbutter und einer Scheibe Brot wie zu gebratenem Geflügel. Grüne Weinbeeren ergeben ein fantastisches gold-gelbes Gelee, während rote Weinbeeren für ein tiefes Purpurrot sorgen. In einem Weinbeerengelee lassen sich ganz hervorragend die Trauben verwerten, die vor der Ernte noch nicht ganz reif waren.

ERGIBT etwa 1,3 kg

ZUTATEN
- 1 kg Weinbeeren, von den Stielen gestreift
- 1 großer Kochapfel, geschält, entkernt und grob in Scheiben geschnitten
- Saft von 1 Zitrone
- Kristallzucker (75 g auf 100 ml Fruchtsaft, siehe Zubereitung)

ZUBEREITUNG
- Die Beeren mit den Apfelscheiben und dem Zitronensaft in einen großen Topf geben. Mit so viel kaltem Wasser aufgießen, dass die Früchte bedeckt sind.
- Sachte zum Köcheln bringen und ohne Deckel kochen, bis sich die Früchte mit einem Kartoffelstampfer leicht zerdrücken lassen.
- Die Masse gut zerdrücken, dann den Topfinhalt in einen in eine große Schüssel gehängten Passierbeutel gießen.
- Den Passierbeutel aufhängen und mindestens 3 Stunden, besser aber über die ganze Nacht, die Flüssigkeit in die Schüssel ablaufen lassen.
- Den Inhalt des Passierbeutels wegwerfen und den Saft abmessen.
- Den Saft mit der entsprechenden Zuckermenge in einen sauberen Topf geben. Sachte erhitzen und den Zucker unter Rühren auflösen. Die Hitze hochschalten und den Saft sprudelnd kochen, bis das Gelee eindickt (siehe *Gelierprobe,* Seite 32).
- Den Topf vom Herd nehmen und das Gelee sorgfältig abschäumen. Dann in warme, sterilisierte Gläser füllen.

Aufbewahren: an einem kühlen, trockenen, dunklen Ort
Haltbar: mindestens ein Jahr

Anpflanzen
- Weinreben (S. 92)
- Äpfel (S. 76)
- Zitrusfrüchte: Zitronen (S. 101)

Zwetschgengelee

Zwetschgenmarmelade – sie gilt für viele wegen ihres vollfruchtigen Aromas als die Königin der Marmeladen – war ein Grundbestandteil des Haferbreis aus meiner Kindheit. Es ist so gut wie unmöglich, aus den kochenden Zwetschgen sämtliche Steine herauszufischen, und es ist unglaublich mühsam, die rohen Früchte zu entsteinen. Zwetschgengelee ist aber garantiert ohne Stein. Man sollte es nicht nur als Süßspeise betrachten – es harmoniert ebenso mit kräftig schmeckendem Fleisch wie Wildbret.

ERGIBT etwa 900 g

ZUTATEN
- 1 kg Zwetschgen
- Kristallzucker (75 g auf 100 ml Fruchtsaft, siehe Zubereitung)

ZUBEREITUNG
- Die Zwetschgen in einen großen Topf geben. Mit so viel kaltem Wasser aufgießen, dass die Früchte knapp bedeckt sind.
- Bei schwacher Mittelhitze ohne Deckel köcheln, bis die Früchte sehr weich sind (bis zu einer Stunde), dann mit einem Kartoffelstampfer grob zerdrücken.
- Das Ganze in einen in eine Schüssel gehängten Passierbeutel gießen. Den Passierbeutel aufhängen und mindestens 3 Stunden, besser aber über die ganze Nacht, die Flüssigkeit in die Schüssel ablaufen lassen.
- Den Inhalt des Passierbeutels wegwerfen und den Saft abmessen.
- Den Saft mit der entsprechenden Zuckermenge in einen sauberen Topf geben. Sachte erhitzen und den Zucker unter Rühren auflösen.
- Die Hitze hochschalten und den Saft aufkochen.
- Sprudelnd kochen, bis das Gelee eindickt (siehe *Gelierprobe*, Seite 32). Den Topf vom Herd nehmen und das Gelee sorgfältig abschäumen. In warme, sterilisierte Gläser füllen.

Für die ganz besondere Note

ZWETSCHGENGELEE MIT GEWÜRZEN
Als ich dieses Rezept kreierte, notierte ich «Kann gar nicht aufhören zu essen, ist wie Weihnachten im Glas» – ich glaube, das sagt alles.
- Geben Sie zu den köchelnden Zwetschgen 2 Zimtstangen, 1 Sternanis und ½ TL gemahlenes Piment.

ZWETSCHGEN-ORANGEN-GELEE
Im fertigen Gelee kommt nur ein leichter Hauch von Orange durch.
- Fügen Sie den köchelnden Zwetschgen die abgeschälte Schale von 2 Orangen (ohne die weiße Unterhaut) hinzu.

Aufbewahren: an einem kühlen, trockenen, dunklen Ort
Haltbar: mindestens ein Jahr

Quitten kultivieren

Quitten sind die Früchte, aus der in Portugal die originale *Marmelo (zu Deutsch: Quitte)*-Paste zubereitet wurde. Roh sind Quitten völlig ungenießbar – sie sind hart, haben eine körnige Konsistenz und überall Flaum auf der gelben Haut. Das bedeutet aber auch, dass sie nach dem Abernten lange liegen können («bombensicher» beschrieb sie einmal ein Züchter). Gekochte Quitten schmecken köstlich und honigsüß. Quittenbäume sind zudem wunderschöne, dekorative Gartenbäume mit großartiger, wenn auch ungleichmäßiger Form und bezaubern im Frühling, wenn alles blüht, mit den hübschesten Blüten.

DIE BESTEN SORTEN

Alle Quitten sind selbstbefruchtend, weshalb man nur einen einzigen Baum benötigt – und der liefert Früchte mehr als genug. Möglicherweise ist es schwierig, eine spezielle Sorte zu finden, aber sie unterscheiden sich ohnehin nur geringfügig voneinander. Sie können also die Sorte kaufen, die angeboten wird. Verwechseln Sie diese Quitten *(Cydonia oblonga)* nicht mit japanischen Quitten *(Chaenomeles* sp.), die auch essbar, aber längst nicht so hübsch sind.

PFLANZUNG

Pflanzen Sie wurzelnackte Bäume während der Winterruhe, Containerpflanzen im Herbst und Frühjahr an einen geschützten, sonnigen Standort. Sie lassen sich nicht leicht erziehen oder beschneiden. Setzen Sie sie daher möglichst in offenes Gelände, wobei ein sehr großer Kübel wenigstens für die ersten Jahre ausreicht.

PFLEGE

Jährlich mulchen. Ausgewachsene Bäume lediglich im Winter ausputzen (siehe Seite 16) und darauf achten, dass keine Früchte verfaulend an den Ästen hängen bleiben.

ERNTE

Pflücken Sie von Mitte bis Ende Herbst, wenn die Früchte einen kräftigen Gelbton angenommen haben und duften. Allein wegen ihres Dufts sollte man sich einige Früchte in eine Schale legen, sie können einen ganzen Raum beduften. Da sie ihren Duft auch auf andere Früchte übertragen, sollte man z. B. Äpfel und Birnen woanders lagern.

Für:
- Quittenkäse (S. 98)
- Fruchtkonfekt (S. 100)

Quittenkäse

Er lässt sich schneiden wie Käse, formen wie Käse, wird häufig an einer Käsetheke verkauft und sollte zu Käse serviert werden – ist aber kein echter Käse. Quittenkäse oder Quittenbrot ist ein festes Gelee, das in einer Form zubereitet und aufbewahrt und schließlich gestürzt und in Scheiben geschnitten wird. Welche Form Sie wählen, liegt ganz bei Ihnen – die meisten sind geeignet, auch wenn man bei kleineren Gefäßen wie Gratinförmchen jeweils nur über kleinere Mengen verfügt. Ich verwende gerne rechteckige Kuchenförmchen. Die Farbe des Quittenkäses hängt von den Früchten (insbesondere ihrem Tanningehalt) sowie von der bis zur Erzielung der richtigen Konsistenz erforderlichen Kochzeit ab.

ERGIBT etwa 1 kg

ZUTATEN
- 1 kg Quitten, den Flaum abgerieben und grob zerhackt
- Kristallzucker (125 g auf 150 ml Püree, siehe Zubereitung)
- geschmacksneutrales Öl (z. B. Sonnenblumen- oder Rapsöl)

ZUBEREITUNG
- Die vorbereiteten Quitten in einen großen Topf geben. Mit so viel kaltem Wasser aufgießen, dass die Früchte knapp bedeckt sind. Auf Mittelhitze ohne Deckel zum Köcheln bringen.
- Leise weiterköcheln und gelegentlich umrühren, bis die Früchte weich sind und zu Mark zerfallen (das dauert etwa eine Stunde).
- Den Topfinhalt durch ein Sieb streichen, dann das Püree abwiegen. Die im Sieb verbliebenen Häute und Kerne wegwerfen.
- Das Püree mit der entsprechenden Zuckermenge in einen sauberen Topf geben.
- Sachte erhitzen und den Zucker unter Rühren auflösen. Das Püree zum Köcheln bringen und ohne Deckel unter häufigem Rühren, damit nichts am Topfboden ansetzt, köcheln, bis es stark eingekocht und so dick ist, dass ein Kochlöffel, den man am Topfboden entlang zieht, eine deutliche Spur hinterlässt. Das kann 1–2 Stunden dauern.
- Unterdessen die Formen mithilfe eines Backpinsels oder eines Küchenpapiers bis in die Ecken hinein dünn mit Öl ausstreichen. In der genauen Größe der Oberflächen der Formen Backpapierzuschnitte herstellen.
- Das Püree in die Formen gießen und die Zuschnitte so auf dem Inhalt glattstreichen, dass keine Luftblasen vorhanden sind.
- Formen ohne Deckel nach dem Abkühlen fest in Frischhaltefolie wickeln.
- Vor dem Verzehr einen Monat ruhen lassen, damit sich das Aroma voll entwickeln kann.

Aufbewahren: an einem kühlen, trockenen, dunklen Ort; nach dem Stürzen/Öffnen im Kühlschrank
Haltbar: ein Jahr

Anpflanzen
· Quitten (S. 96)

Fruchtkonfekt

Aus Frankreich stammt das beliebte *Paté de fruit*-Konfekt. Die originalen Fruchtpastillen sind in Zucker gewälzte Geleefrüchte. Zwar kann man Fruchtkonfekt aus jeder Obstsorte herstellen, m. E. eignen sich Quitten und Birnen aufgrund ihrer exquisiten Aromen hierzu aber ganz besonders. Bieten Sie doch einmal nach einem Essen einen kleinen Teller mit Fruchtkonfekt als Petits Fours an.

Für die ganz besondere Note

BEERENAROMEN
Verwendbar ist jede einzelne Beerensorte oder eine Beerenmischung. Pürieren Sie 500 g frische Beeren (wegen der Samenkerne nach Wunsch durch ein Sieb streichen) und geben Sie sie mit 500 g Kristallzucker und 30 g Pektinpulver bzw. 30 ml flüssigem Pektin in einen Topf. Aufkochen und wie im Rezept beschrieben kochen.

ERGIBT 40–50 Bonbons

ZUTATEN
- 600 g Quitten, den Flaum abgerieben und zerhackt oder Birnen, grob zerhackt
- geschmacksneutrales Öl (z. B. Sonnenblumen- oder Rapsöl)
- Kristallzucker (die gleiche Menge wie das Gewicht des Fruchtmarks, siehe Zubereitung)
- 30 g Pektinpulver oder 30 ml flüssiges Pektin

ZUBEREITUNG
- Die Früchte in einen großen Topf geben. Etwa 2,5 cm hoch kaltes Wasser angießen. Einen Deckel auflegen und bei schwacher Hitze köcheln, bis die Früchte sehr weich sind. (Quitten brauchen wesentlich länger als Birnen). Gelegentlich umrühren.
- Unterdessen ein etwa 10 x 15 cm großes Backblech mit Backpapier belegen und dünn mit Öl ausstreichen. Alternativ kann man z. B. für einzelne Kugeln Silikon-Konfektförmchen verwenden, aber auch diese müssen eingefettet werden.
- Den Topfinhalt durch ein Sieb streichen und die Schalen und Kerne wegwerfen. Das Fruchtmark abwiegen und mit der gleichen Menge Zucker in einen sauberen Topf geben. Nun das Pektin hinzufügen.
- Das Pektin sofort mit dem Schneebesen unter stetigem Schlagen unterrühren und die Mischung auf Mittelhitze langsam aufkochen.
- Sowie sich der Zucker aufgelöst hat und das Pektin eingerührt ist, das Fruchtmark weiterkochen, bis es eindickt (siehe *Gelierprobe*, Seite 32). Dabei stetig mit einem Holzlöffel rühren, damit es nicht ansetzt – seien Sie vorsichtig, das Fruchtmark kann spritzen.
- Das Fruchtmark in einer Schicht von 1–2 cm Höhe auf das Backblech oder in die Förmchen gießen. Fest werden lassen.
- Das fertige Konfekt mit einem heißen, trockenen Messer (in kochendes Wasser tauchen und abtrocknen) in kleine Vierecke oder Rauten schneiden oder aus den Silikonförmchen lösen.
- In Streuzucker wälzen und luftdicht verschlossen mit weiterem Streuzucker in einer Blech- oder Kunststoffdose aufbewahren.

Anpflanzen
• Quitten (S. 96) • Birnen (S. 86) • Erdbeeren (S. 37) • Himbeeren, Brombeeren und Hybridbeeren (S. 52) • Heidelbeeren (S. 60) • Stachelbeeren (S. 40)

Aufbewahren: an einem kühlen, trockenen Ort
Haltbar: 3–4 Monate

Zitrusfrüchte kultivieren

Die Gattung der Zitruspflanzen ist groß und vielfältig, ihre Kultivierungsanforderungen sind für alle Hauptvertreter wie Zitronen, Orangen, Limetten und Grapefruits aber gleich. Bei guten Vegetationsbedingungen können diese Pflanzen das ganze Jahr über Blüten und Früchte (und das gleichzeitig) produzieren. Am besten stellt man sie an einen Platz, wo man von ihrem sagenhaften Duft profitieren kann.

DIE BESTEN SORTEN

Unter den Zitronen ist die kompakte und relativ winterharte *Citrus x limon* 'Meyer' eine der verbreitetsten Sorten. Probieren Sie als Limettensorte *C. x aurantiifolia* (Persische oder Tahiti-Limette), denn sie ist tolerant gegenüber Kälte. *Citrus x aurantium* der Süßorangengruppe 'Baia' (syn. *C. sinensis* 'Washington') ist eine gute Orange und *C. x aurantium* der Grapefruit-Gruppe 'Marsh' eine gute Grapefruit. Alle sind selbstbefruchtend. Falls Sie Ihre Zitruspflanze in einem großen Kübel ziehen, sollte sie in jedem Fall auf einer schwachwüchsigen Unterlage veredelt sein.

PFLANZUNG

Aufgrund des erforderlichen Frostschutzes ist ein großer Kübel in der Regel die beste Option für einen in gemäßigtem Klima wachsenden Zitrusbaum. Ob auf der sonnigen Terrasse im Sommer oder im lichtdurchfluteten Gewächshaus oder

Wintergarten im Winter – mit einem Topf ist man immer mobil. Vermeiden Sie Räume mit Zentralheizung, dort trocknet die Pflanze zu stark aus. Zitruspflanzen sind im Topf erhältlich, selten wurzelnackt. Verwenden Sie Gärtnerkompost oder spezielle Pflanzerde für Zitruspflanzen sowie den größten Topf, den Sie gefahrlos bewegen können, und topfen Sie den Baum alle paar Jahre um, um Komposterde zu zufügen.

PFLEGE

Ein Zitrusbaum wird nicht stark geschnitten. Im späten Frühjahr (wenn keine große Frostgefahr mehr besteht) putzt man lediglich aus (siehe Seite 16) und entfernt die Zweige, die für eine handhabbare Größe und ansprechende Form hinderlich wären. Es kann passieren, dass die Unterlage Schösslinge bildet. Diese sind möglichst tief zu entfernen. Wässern nach Bedarf und den Boden nicht austrocknen lassen. Andernfalls wirft der Baum Früchte ab. Auch im Winter benötigt ein Zitrusbaum Wasser, allerdings weitaus weniger als im Sommer.

Im Frühjahr und Sommer düngen, den Dünger jedoch nicht jedem Gießwasser beigeben, damit sich in der Erde keine Salze anreichern. Es gibt spezielle Zitruspflanzendünger, alternativ können Sie Dünger mit hohem Stickstoff- und mittlerem Kaliumgehalt kaufen, der sämtliche Spurenelemente enthält.

ERNTE

Zitrusfrüchte reifen das ganze Jahr über. Erntereife Früchte sind aromatisch und haben eine kräftige Farbe. Schneiden Sie sie so vom Zweig, dass die Frucht einen kleinen Stiel behält; reißen Sie sie keinesfalls ab.

Für:
• Zitronencreme (Lemoncurd) (S. 102) • Apfelkuchencreme (S. 80) • Englische Marmelade aus Fallobst (S. 79) • Reneklodenmarmelade (S. 69) • Dreifruchtmarmelade (S. 75) • Schwarze Butter (S. 85)

Zitronencreme (Lemoncurd)

Zitrusfrisch, voll im Geschmack und ein leuchtendes Sonnengelb – dieses Rezept erfüllt alles, was man von einem Lemoncurd verlangt. Bestreichen Sie eine Scheibe Toast mit der Creme, runden Sie Desserts damit ab (sie passt übrigens ganz besonders gut zu einem Sommerbeeren-Baiserkuchen) oder löffeln Sie sie direkt aus dem Glas – ganz wie sie Ihnen mundet.

ERGIBT etwa 500 g

ZUTATEN
- Abrieb und Saft von 3 Zitronen
- 3 Eier
- 75 g ungesalzene Butter, gewürfelt
- 150 g Streuzucker

ZUBEREITUNG
- Den Zitronenabrieb und -saft mit den übrigen Zutaten in eine Keramik- oder Glasschüssel geben.
- Diese bei Mittelhitze als Wasserbadschüssel über einen Topf mit schwach köchelndem Wasser setzen. Die Schüssel muss genau auf den Topf passen, darf mit dem Wasser selbst jedoch nicht in Berührung kommen.
- Alle Zutaten mit dem Schneebesen verschlagen.
- Verwenden Sie nun einen Holzlöffel (Utensilien aus Metall können das Aroma verderben) und rühren Sie 10–15 Minuten stetig. Wenn man in Form einer Acht rührt, vermischen sich die Zutaten rascher und gründlicher als beim Rühren im Kreis. Sowie die Butter geschmolzen ist, ständig die Masse vom Schüsselboden lösen, damit die Eier nicht stocken.
- Die Creme ist fertig, wenn sie am Löffelrücken haftet und der Finger, den man über den Löffelrücken entlangzieht, eine Spur hinterlässt. Während des Abkühlens wird die Creme noch fester.
- In warme, sterilisierte Gläser füllen.

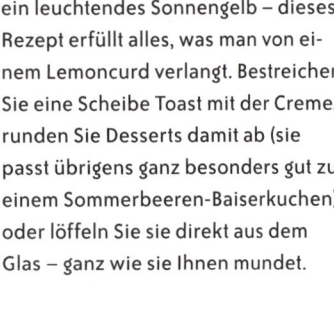

Anpflanzen
- Zitrusfrüchte: Zitronen und Limetten (S. 101)

Aufbewahren: im Kühlschrank
Haltbar: etwa einen Monat

Für die ganz besondere Note

ZITRONEN-HONIG-INGWER-CURD
Dies ist klassischer Kräutertee in Curd-Form, genau das Richtige für eine unangenehme Erkältung.
- Ersetzen Sie den Streuzucker durch 150 g Honig (verwenden Sie wenn möglich Imkerhonig aus der Region, er macht das Ganze noch aromatischer) und geben Sie 3 EL geschälte, frisch geriebene Ingwerwurzel hinzu. Soll der Ingwer intensiver durchkommen, kann man nach Geschmack noch mehr hineinreiben.

LIIMETTENCURD
Limettencurd ist noch fruchtig-spritziger als Lemoncurd und passt sehr gut zu Bitterschokolade. Von der Farbe her ist er aber nicht grün. Falls Sie ihn grün haben möchten, können Sie ein wenig Lebensmittelfarbe hineingeben.
- Ersetzen Sie die 3 Zitronen durch 6 Limetten.

Mispeln kultivieren

Mispeln tun mir immer ein bisschen leid, denn sie sind nicht beliebt. Dabei hätten sie mehr Anerkennung verdient, nicht nur als schmackhafte, pflegeleichte Frucht – die sich dazu noch leicht konservieren lässt –, sondern auch als schöner Zierbaum.

DIE BESTEN SORTEN

Vom Geschmack her unterscheiden sich die verschiedenen Mispelsorten wirklich nur sehr geringfügig. In vielen Baumschulen ist die Auswahl in der Regel auf nur eine einzige Sorte begrenzt. Falls Sie die Wahl haben, kaufen Sie 'Large Russian' oder 'Dutch', sie haben größere Früchte als andere Sorten. Achten Sie darauf, dass es sich um eine 'Quitte A' - oder 'BA 29'-Unterlage handelt, denn sie produzieren die gesündesten Bäume der besten Größe (4–6 m hoch und breit).

PFLANZUNG

Pflanzen Sie wurzelnackte Bäume während der Winterruhe, Containerpflanzen im Herbst und Frühjahr. Da sich Mispelbäume nicht erziehen lassen, benötigt man reichlich Platz für ihren ausladenden Wuchs. Sie tolerieren im Laufe des Tages auch ein wenig Schatten und die meisten Böden, sofern diese eine gute Drainage aufweisen. Setzen Sie gleich beim Pflanzen einen Stützpfahl ein.

PFLEGE

Im Frühjahr mulchen und mit einem Langzeitdünger versorgen. Bei langen Trockenperioden wässern, vor allem in der Anwachsphase.

Ein mäßiger Gehölzschnitt in den ersten Jahren zum Aufbau einer guten Gestalt ist alles, was Mispeln brauchen. Danach bei Bedarf ausputzen (siehe Seite 16).

ERNTE

Pflücken Sie ab Mitte bis Ende Herbst, sobald die Früchte mindestens 2,5 cm Durchmesser haben. Sie müssen nachreifen: Legen Sie sie mit den «Augen» nach unten so auf ein Blech, dass sie sich nicht berühren, und bewahren Sie sie an einem kühlen, trockenen Ort auf, bis sie weich werden. Prüfen Sie sie regelmäßig auf Fäulnis und sortieren Sie infizierte Früchte aus. Mancher Gärtner empfiehlt auch, die Früchte bis nach einem strengen Frost am Baum zu lassen, um dem Frost das Reifen zu überlassen, das ist jedoch eine riskantere Strategie.

Für:
• Mispel-Schmaus (S. 105)

Mispel-Schmaus

Dies ist meine Spielart eines alten Mispel-Rezepts. Mispel-Schmaus ist eine süße, saftig-würzige Paste, die man traditionell unter steif geschlagene Sahne hebt und mit Bröseln von Mürbeteiggebäck (z. B. von Shortbread) bestreut. Man kann auch Honig darüber träufeln, das allerdings empfehle ich nur absoluten Süßmäulern!

ERGIBT etwa 550 g

ZUTATEN
- 1 kg Mispeln, grob gehackt
- 2 Zitronen, grob zerhackt
- 2 Nelken
- 1 Zimtstange
- 500 ml Cidre
- heller Muscovadozucker (70 g auf 100 g Fruchtmark, siehe Zubereitung)

ZUBEREITUNG
- Die vorbereiteten Mispeln und Zitronen mit den Gewürzen und dem Cidre in einen großen Topf geben. Sachte zum Köcheln bringen und ohne Deckel weiterköcheln, bis die Mispeln (in etwa 45 Minuten) weich sind.
- Die Früchte mit einem Kartoffelstampfer zerdrücken.
- Den Topfinhalt durch ein Sieb streichen und das Fruchtmark abwiegen (den Rückstand im Sieb wegwerfen).
- Das Fruchtmark mit der entsprechenden Zuckermenge in einen sauberen Topf geben.
- Solange rühren, bis eine samtig-glatte, schokoladenbraune Paste entstanden ist.
- Auf Mittelhitze aufkochen und nach dem ersten Aufwallen sofort in warme, sterilisierte Gläser füllen.

Anpflanzen
- Mispeln (S. 104)
- Zitrusfrüchte: Zitronen (S. 101)

Aufbewahren: kühl und trocken
Haltbar: mindestens sechs Monate

Aus

DEM GEMÜSE-GARTEN

FRÜHJAHR UND SOMMER

Rhabarber kultivieren

Wenn ich eine Pflanze zu wählen hätte, die todsicher, praktisch unverwüstlich und garantiert jedes Jahr ertragreich ist, dann wäre es Rhabarber. In der Regel gilt er aufgrund seiner Verwendung als Süßspeise als Obst, botanisch betrachtet handelt es sich jedoch um eine ausdauernde Gemüsepflanze, da man die Stängel isst. Die Blätter sind giftig, können aber gut kompostiert werden.

DIE BESTEN SORTEN

Die frühen Sorten, etwa 'Timperley Early' und 'Champagne', lassen sich gut vortreiben (siehe rechts unten) und produzieren zarte Stangen. Wer rotfleischigen Rhabarber schätzt, pflanzt 'Holsteiner Blut' oder 'Cawood Delight'.

PFLANZUNG

Rhabarberpflanzen gibt es sowohl als Topfpflanzen als auch als wurzelnackte Rhizome (so genannte «Wurzelstöcke»). Topfpflanzen sind meist gesünder, wenn auch etwas teurer. Hat jemand aus Ihrem Freundeskreis eine große Pflanze, können Sie mit einem scharfen Spaten vom Wurzelstock ein Teilstück abtrennen und verpflanzen. Pflanzen Sie wurzelnackte Rhizome im Herbst oder zeitigen Frühjahr, wenn sich der Wurzelstock noch in der Winterruhe befindet. Topfpflanzen können von Herbst bis zum späten Frühjahr in die Erde gesetzt werden.

Rhabarber gedeiht selbst im Vollschatten, idealerweise aber in nährstoffreichem, feuchtem Boden in voller Sonne. Der Wurzelstock sollte bündig mit dem Erdreich abschließen – zu tief stehende Wurzelstöcke können faulen.

PFLEGE

Außer dem Wässern in langen Trockenperioden verlangen Rhabarberpflanzen nur wenig Aufmerksamkeit. Brechen Sie eventuelle Blüten am Stielansatz aus, damit sich der Wurzelstock für die nächste Saison regenerieren kann. Entfernen Sie sämtliche abgestorbenen Blätter im Herbst, damit der Wurzelstock im Winter der Kälte ausgesetzt ist, um im nächsten Frühling wieder gut auszutreiben. Im Frühjahr mit Komposterde mulchen, jedoch den Wurzelstock nicht bedecken.

ERNTE

Stangen von nicht vorgetriebenen Pflanzen sind zwischen Mitte Frühling und Mitte Sommer erntereif. Drehen Sie die Stangen ab, schneiden Sie sie nicht. Lässt sich eine Stange nicht problemlos vom Wurzelstock abdrehen, ist sie noch nicht reif. Ernten Sie keinesfalls sämtliche Stangen von einer einzelnen Pflanze – sie benötigt einige für die Fotosynthese und Regenerierung fürs kommende Jahr. Auch sollte eine Pflanze nicht im ersten Jahr beerntet werden.

TREIBRHABARBER

Um im zeitigen Frühjahr zarte, hellrosa Rhabarberstiele ernten zu können, kann man die Pflanzen vortreiben. Dazu stülpt man im späten Winter über jeden Wurzelstock einen lichtundurchlässigen Abfalleimer oder Ähnliches – traditionelle Tontöpfe sind schön anzusehen, aber teuer. Erntezeitpunkt ist, wenn die Stiele den Eimerboden erreicht haben. Treiben Sie keine Pflanzen im ersten Jahr und auch nicht dieselbe Pflanze zweimal hintereinander. Der Prozess raubt der Pflanze viel Energie, und es dauert, bis sie sich nach der Pflanzung etabliert und nach dem Treiben erholt hat. Ernten Sie auch keine weiteren Stangen, nachdem Sie der Pflanze alle vorgetriebenen weggenommen haben.

Für:
• Eingelegter Rhabarber
(S. 110) • Rhabarberketchup
mit Rosmarin
(S. 112)

Eingelegter Rhabarber

Auch wenn Sie schon bei der Vorstellung, Rhabarber roh zu essen, stumpfe Zähne bekommen, sollten Sie dieses eingelegte Gemüse unbedingt probieren. Verwendet werden die ersten, zarten Stängel der Saison – idealerweise vom Treibrhabarber, wenn Sie welchen haben –, ansonsten einfach die schlankesten und jene, die schon die kräftigste rosa Farbe haben. Diesen süßsauren Rhabarber reiche ich am liebsten zu Raclette-Käse, den wir auf dem Tischgrill schmelzen und der sich so wunderbar über die Kartoffeln legt.

ERGIBT etwa 300 g

ZUTATEN
- 300 g Rhabarber, vorzugsweise Treibrhabarber
- 1½ TL schwarze Pfefferkörner
- 3 Wacholderbeeren
- 3 TL Koriandersamen
- 90 ml Cidreessig
- 2 EL Wasser
- 45 g Streuzucker
- 1 TL feines Meersalz

ZUBEREITUNG
- Die Rhabarberstängel in gleichmäßige, 2 cm lange Stücke schneiden.
- Die Stücke aufrecht und direkt nebeneinander in ein sterilisiertes Glas stellen und die Pfefferkörner, Wacholderbeeren und Koriandersamen zugeben.
- Essig, Wasser, Zucker und Salz in einen kleinen Topf geben, aufkochen und den Zucker und das Salz unter Rühren auflösen.
- Ist dies geschehen, so viel kochende Flüssigkeit über den Rhabarber gießen, dass er vollständig bedeckt ist (den Glasboden vorsichtig auf die Arbeitsplatte klopfen, damit Luftblasen entweichen können) und unterhalb des Glasrands noch 1 cm Platz ist.
- Sofort verschließen und vor dem Verzehr 2 Tage durchziehen lassen.

Anpflanzen
- Rhabarber (S. 109)
- Koriander (S. 154)

Aufbewahren: im Kühlschrank
Haltbar: mindestens ein Monat

Rhabarberketchup mit Rosmarin

Haben Sie bis zum zeitigen Frühjahr Ihre Tomaten- und Pflaumenketchups (Seiten 128 und 70) aufgebraucht, können Sie die Vorräte mit dieser Rhabarber-Variante gut wieder auffüllen. Man kann vorgetriebene, normal gereifte und sogar weniger zarte Stangen gleichermaßen verwenden, doch je rosafarbener die Stangen, desto rosafarbener das Ketchup. Der Rosmarin harmoniert hervorragend mit Rhabarber, sodass eine schmackhafte süßsaure Soße entsteht.

ERGIBT etwa 700 ml

ZUTATEN

- 8 Zweige frischer Rosmarin, 15 cm lang
- 4 Knoblauchzehen
- ½ EL Olivenöl
- 1 rote Zwiebel, fein gewürfelt
- 1 kg Rhabarber, die Enden entfernt und in 2 cm lange Stücke geschnitten
- 75 ml Cidreessig
- 1 TL Salz
- 100 g Kristallzucker

ZUBEREITUNG

- Die Blätter von den Rosmarinzweigen zupfen und fein hacken. Mit dem Knoblauch und dem Öl im Mörser zermahlen, bis der Knoblauch zerrieben ist.
- Die Zwiebel hinzufügen. (Alternativ Rosmarin, Knoblauch und Öl mit der Zwiebel in einer Küchenmaschine zerkleinern.)
- Die Mischung in einen großen Topf geben und bei schwacher Hitze unter häufigem Rühren sehr vorsichtig anschwitzen, bis die Zwiebel weich ist.
- Die Rhabarberstücke hinzugeben und gut vermengen.
- Bei schwacher Hitze weiterkochen und regelmäßig umrühren, damit nichts ansetzt, bis der Rhabarber vollständig zerfallen und etwas eingekocht ist.
- Das Ganze in einem Standmixer oder einer Küchenmaschine zu einer samtig-glatten Flüssigkeit pürieren oder durch ein Sieb streichen.
- Die Masse mit Essig, Salz und Zucker in einen sauberen Topf geben.
- Aufkochen, nun die Hitze herunterschalten und unter gelegentlichem Rühren köcheln lassen, bis das Ketchup dicklich, aber noch fließfähig ist (während des Abkühlens wird es noch fester).
- In warme, sterilisierte Flaschen füllen.

Anpflanzen
- Rhabarber (S. 109)
- Rosmarin (S. 156) • Knoblauch (S. 121) • Zwiebeln (S. 129)

Aufbewahren: an einem kühlen, trockenen, dunklen Ort; nach dem Öffnen im Kühlschrank
Haltbar: mindestens sechs Monate

Möhren kultivieren

Die ersten Karotten des Jahres aus der Erde zu ziehen, ist wie einen Schatz zu heben. Goldfarbene Rüben kommen zum Vorschein, während das Kraut in meiner Hand den unverkennbaren Karottenduft verströmt. Auf dem schnellsten Weg begebe ich mich in die Küche, darauf bedacht, sie zu kochen, ehe sich zu viel vom wertvollen Zucker in Stärke verwandelt.

DIE BESTEN SORTEN

Frühe Sorten liefern die zartesten Rüben für samtige Marmeladen. Sie können in der Vegetationszeit mindestens zweimal gesät werden – auf die erste Ernte folgt die Nachsaat. Gute Beispiele für diese Sorten sind 'Chantenay' und 'Paris Market Baron'. Sorten mit längeren Rüben lassen sich leichter verarbeiten und sind häufig süßer. Versuchen Sie die 'Nantes'-Sorten, insbesondere 'Early Nantes 2', eine Frühkarotte mit zylinderförmiger Rübe und außergewöhnlichem Geschmack.

PFLANZUNG

Ab dem zeitigen Frühjahr direkt in die Saatfurche säen, wobei die letzte Aussaat Mitte Sommer erfolgen sollte. Um kurze knollige und verzweigte Möhren zu vermeiden, muss der Boden möglichst leicht und gut entwässernd sein sowie sehr wenig Steine und organisches Material enthalten. Gegebenenfalls in tiefe Töpfe pflanzen.

PFLEGE

Die Jungpflanzen auf 5 cm Abstand vereinzeln. Regelmäßig, jedoch nicht zu stark gießen, es würde zu einem Laubwachstum auf Kosten der Rüben führen. Der einzige sichere Schutz gegen Möhrenfliegen ist die ständige und komplette Abdeckung mit speziellen Kulturschutznetzen. Sät man Karotten in Mischkultur mit Zwiebeln und lässt das Grün möglichst unberührt, kann man den Möhrenduft, der die Möhrenfliege anzieht, kaschieren.

ERNTE

Mit dem Ausgraben der Karotten kann zwei Monate nach Aussaat begonnen werden. Ziehen Sie eine Rübe heraus, um festzustellen, ob sie groß genug ist.

Für:
- Möhrenmarmelade (S. 115)
- Mixed Pickles (S. 139)
- Pesto (S. 158)
- Eingelegte Gurken (S. 135)

Möhrenmarmelade

Karotten ergeben eine köstlich-süße Marmelade, vor allem, wenn sie aus frischen Rüben gekocht wird, die noch den Großteil ihrer natürlichen Süße enthalten. (Je länger sie nach dem Ernten liegen, desto höher ist der in Stärke umgewandelte Zuckeranteil.) Dezent abgeschmeckt mit Zimt, Ingwer und Orange, – den klassischen Gewürzen für einen Möhrenkuchen – ist Möhrenmarmelade auf einem Hamburgerbrötchen mit Frischkäse ein Genuss.

ERGIBT etwa 750 g

ZUTATEN

- 450 g Möhren, geschält, die Enden entfernt und geraspelt
- Zesten und Saft von 2 Orangen
- 450 ml Wasser
- 400 g Kristallzucker
- 1 TL gemahlener Zimt
- ½ TL geriebener Ingwer

ZUBEREITUNG

- Die geraspelten Möhren mit den Orangenzesten, dem Saft und dem Wasser in einen großen Topf geben. Einen Deckel auflegen und aufkochen. Dann leise köcheln, bis die Möhren weich sind.
- Das Ganze in einem Standmixer oder einer Küchenmaschine samtig pürieren.
- Das Püree mit dem Zucker und den Gewürzen in einen sauberen Topf geben. Auf Mittelhitze langsam aufkochen und den Zucker unter Rühren auflösen.
- Die Hitze herunterschalten und unter häufigem Rühren, damit nichts am Topfboden ansetzt, leise köcheln.
- Die Marmelade ist fertig, wenn sie eindickt und ein Kochlöffel, den man am Topfboden entlangzieht, eine deutliche Spur hinterlässt – das dauert etwa 15 Minuten.
- Die Marmelade in warme, sterilisierte Gläser füllen.

Aufbewahren: an einem kühlen, trockenen, dunklen Ort
Haltbar: mindestens ein Jahr

Anpflanzen
- Möhren (S. 113)
- Zitrusfrüchte: Orangen (S. 101)

Rote Bete kultivieren

Bis ich einen eigenen Nutzgarten hatte, spielte Rote Bete für mich keine Rolle. Dann machte ich jedoch den Anfängerfehler, nur weil ich ein paar kostenlose Samenkörner bekommen hatte, etwas anzubauen, was ich nicht aß – und ich habe es nie bereut. Außerdem: Was ist daran auszusetzen? Rote Bete ist ganz einfach anzupflanzen, bewährt und pflegeleicht, es gibt sie in den verschiedensten Farben und Geschmacksrichtungen, und sie liefern uns nicht nur Knollen, sondern auch Blattgrün für Salate.

DIE BESTEN SORTEN

Dem Anfänger empfehle ich 'Boltardy' wegen ihrer Zuverlässigkeit. Weitere gute Sorten mit roter Knolle sind 'Cylindra' (mit langen zylindrischen statt kugeligen Knollen, wie der Name verrät), 'Sanguina' und 'Detroit Dark Red'. Die geringelte Sorte 'Chioggia' hat einen ausgeprägter erdigen Geschmack. Bei den gelben Knollen bevorzuge ich 'Burpee's Golden'.

PFLANZUNG

Ab dem zeitigen Frühjahr dünn in Saatfurchen aussäen, auch wenn frühe Aussaaten bei heißem, trockenem Wetter zum Schossen neigen. Der Boden muss nicht so leicht sein wie für Möhren (Seite 113). Rote Bete liebt volle Sonne, toleriert aber auch Halbschatten. Gedeiht auch gut in Töpfen.

PFLEGE

Warten Sie ab, bis die Jungpflanzen eine gewisse Höhe erreicht haben und dünnen Sie sie dann auf einen Abstand von 10 cm aus. Alternativ können Sie die kleinen Knollen früher vereinzeln und das Laub für Salate verwenden. Ausgiebig gießen, vor allem bei Hitze, damit die Pflanzen nicht schossen. Das Mulchen der Knollen, sobald sie über dem Erdreich erscheinen, ist der Pflanze förderlich, jedoch nicht unbedingt erforderlich.

ERNTE

Sobald die Knollen dick genug sind, können Sie mit der Ernte beginnen. Nehmen Sie stets jede zweite Knolle heraus, statt in einer Reihe abschnittsweise vorzugehen, und lassen Sie die verbliebenen Pflanzen in den Lücken ausreifen. Heben Sie die Knollen einzeln mithilfe einer Blumengabel oder Handschaufel vorsichtig aus, damit sie nicht beschädigt werden.

Für:
• Rote-Bete-Chutney (S. 119) • Rote Meerrettich-Relish (S. 120)

Rote-Bete-Chutney

Dieses fruchtige, erdige und mild gewürzte Chutney hat eine fantastische rote Farbe – vorausgesetzt natürlich, Sie kochen es aus roter Rote Bete. Besonders köstlich schmeckt es zu kaltem Braten und Fisch – und einem Kartoffelsalat aus neuen Kartoffeln. Wenn Sie eigenen Koriander aus dem Garten oder gekaufte Körner mörsern können – umso besser.

ERGIBT etwa 1,5 kg

ZUTATEN

- 1 kg Rote-Bete-Knollen, geschält
- 300 g rote Zwiebeln, geschält
- 650 g Kochäpfel, geschält und entkernt
- 500 ml Rotweinessig
- 450 g Kristallzucker
- 1 TL Gewürzmischung
- ½ TL gemahlener Koriander
- Zesten und Saft von 2 Orangen

ZUBEREITUNG

- Rote Bete, Zwiebeln und Äpfel möglichst alle in gleichmäßig große Würfel schneiden.
- Die Würfel mit Essig, Zucker und den Gewürzen in einen großen Topf geben und gut vermengen.
- Bei schwacher bis mittlerer Hitze unter regelmäßigem Rühren etwa 2 Stunden sehr leise köcheln, bis ein Kochlöffel, den man am Topfboden entlangzieht, eine deutliche Spur hinterlässt.
- Die Orangenzesten und den -saft hinzufügen und gut unterrühren.
- Weitere 5–10 Minuten kochen, bis sich die Mischung wiederum am Boden mit dem Kochlöffel trennen lässt und die Flüssigkeit bis auf einen kleinen Rest verdampft ist.
- Das Chutney in warme, sterilisierte Gläser füllen.
- Vor dem Verzehr einen Monat durchziehen lassen.

Aufbewahren: an einem kühlen, trockenen, dunklen Ort
Haltbar: mindestens ein Jahr

Anpflanzen
• Rote Bete (S. 116) • Äpfel (S. 76) • Rote Zwiebeln (S. 129) • Zitrusfrüchte: Orangen (S. 101)

Rotes Meerrettich-Relish

Dieses Relish oder Pickle wird traditionell zum Pessachfest zu Fisch serviert, doch seine erdige Süße und der gesunde Kick dank des Meerrettichs stehen auch einem Burger gut. Ich mag das Knackige des rohen Gemüses, wenn Sie jedoch eine glattere Textur bevorzugen, können Sie es in der Küchenmaschine pürieren, statt es zu raspeln.

ERGIBT etwa 225 g

ZUTATEN

- 200 g Rote-Bete-Knollen, geschält und grob geraspelt
- 75 g Meerrettich, geschält und grob geraspelt
- 100 ml Cidreessig
- 2 TL feines Meersalz
- 2 TL Kristallzucker

ZUBEREITUNG

- Die geraspelten Gemüse gut vermengen und dicht in ein warmes, sterilisiertes Glas einfüllen.
- Den Essig mit Salz und Zucker in einen kleinen Topf geben und langsam aufkochen.
- Sofort über den Glasinhalt gießen.
- Das Glas auf die Arbeitsplatte klopfen und mit einem Löffel in den Inhalt stechen, damit die Luftblasen gut entweichen können. Anschließend verschließen.

Anpflanzen
- Rote Bete (S. 116)
- Meerrettich (S. 155)

Aufbewahren: im Kühlschrank
Haltbar: mindestens einen Monat

Knoblauch kultivieren

Knoblauch ist eine der wichtigsten Zutaten in meiner Küche, ich könnte gar nicht ohne sein. Wenn Sie welchen im Garten haben, können Sie ihn frisch genießen («grüner» Knoblauch), die Stiele (die Blütenschäfte) verwenden oder größere Knollen züchten, die zu einem Zopf geflochten wie in einem französischen Landhaus ins Küchenfenster gehängt werden können.

DIE BESTEN SORTEN

Unterschieden werden Hardneck- und Softneck-Sorten. Wenn Sie Knoblauchknollen trocknen und lagern wollen, sind die Softneck-Sorten die richtige Wahl, während beide Sorten zum Einlegen geeignet sind. 'Solent Wight' (Softneck) und 'Lautrec Wight' (Hardneck) sind bewährt und haben ein gutes Aroma. Wer dickere, mildere Zehen schätzt, sollte Elefantenknoblauch probieren (ist kein Knoblauch aus botanischer Sicht, aber ähnlich im Aussehen und in der Verwendung), den man jedoch nur selten im Handel findet und für den man wahrscheinlich ein größeres Glas benötigt.

PFLANZUNG

Knoblauch benötigt eine Kaltwetterphase, um einzelne Zehen auszubilden. Und je länger er in der Erde bleibt, desto größer wird die Knolle. Pflanzzeit ist also im Herbst oder Frühwinter. Im Frühjahr gepflanzter Knoblauch neigt dazu, nur eine einzige große Zehe zu entwickeln. Solche Zehen sind zwar auch schmackhaft, machen beim Einlegen aber größere Mühe (siehe Seite 122).

Bauen Sie Knoblauch in leichtem, gut entwässerndem Boden in voller Sonne an. Man kann ihn auch in Töpfen ziehen; da er flach wurzelt, sind niedrige Pflanzschalen aus Ton ideal. Brechen Sie die einzelnen Zehen aus der Knolle und stecken Sie sie im Abstand von 20 cm (bei Elefantenknoblauch 25 cm) bei lehmiger Erde 2,5 cm tief und bei sandiger Erde 10 cm tief in den Boden. Die Wurzeln entwickeln sich am flachen Ende der Zehe (Basalplatte oder Zwiebelboden), daher sollte es nach unten zeigen.

PFLEGE

Den Boden unkrautfrei halten. Blütenstiele abschneiden, sobald sie erscheinen (und essen).

ERNTE

Wenn sich die Blätter von Frühsommer bis Mitte Sommer gelb färben, die Knollen aus der Erde ziehen und vor der Verarbeitung oder dem Aufhängen zum Trocknen 2–3 Tage in der Sonne trocknen lassen. Wer ein milderes Aroma wünscht, erntet den Knoblauch im späten Frühjahr grün. In diesem Fall fallen die Zehen jedoch kleiner aus.

Für:
- Eingelegte Knoblauch-zehen (S. 122)
- Pflaumenketchup (S. 70)
- Rhabarberketchup mit Rosmarin (S. 112) • Chilimarmelade (S. 142)
- Süßer Chili-Dip (S. 143)
- Tomatenketchup (S. 128)
- Pesto (S. 158)

Eingelegte Knoblauchzehen

Mit seinem süß-sauren, kernigen, vollmundigen Knoblauch-Aroma ist dieses Rezept etwas für Knoblauch-Fans. Kurzes Blanchieren der Zehen mildert den Geschmack etwas, doch kleine Menge, große Wirkung! Ich gebe die eingelegten Zehen in Scheiben geschnitten an Pasta- oder Risotto-Gerichte, auf Pizza oder als ganze Zehen an einen Braten. Wie viele Zehen Sie benötigen, hängt ganz von ihrer Größe ab. Am besten probieren Sie, bevor Sie mit dem Kochen beginnen, erst einmal aus, wie viele ins Glas passen, falls noch welche nötig sein sollten.

ERGIBT etwa 225 g

ZUTATEN

- 4–5 Knoblauchknollen
- 2 Lorbeerblätter
- 4 Zweige Rosmarin, Thymian und/oder Oregano, 15 cm lang
- 150 ml Weißweinessig
- 40 g Kristallzucker

ZUBEREITUNG

- Die Knoblauchzehen schälen und die Enden entfernen. Mit den anderen Zutaten in einen kleinen Topf geben.
- Auf Mittelhitze langsam aufkochen und den Zucker unter Rühren auflösen.
- Nach dem Aufwallen 3 Minuten sprudelnd kochen. Dann den Topf vom Herd nehmen.
- Die Knoblauchzehen und Kräuter mit einer Schaumkelle herausheben und in ein warmes, sterilisiertes Glas schichten.
- Den Glasinhalt vollständig mit der Kochflüssigkeit übergießen. Dann das Glas verschließen.

Anpflanzen
- Knoblauch (S. 121)
- Küchenkräuter (S. 154)

Aufbewahren: im Kühlschrank
Haltbar: mindestens ein Jahr

SPÄTSOMMER UND HERBST

Tomaten kultivieren

Heutzutage gibt es wirklich keine Entschuldigung, Tomaten nicht selbst anzupflanzen. Jungpflanzen gehören ins Sortiment jedes Gartencenters, und häufig findet man sie sogar im Supermarkt. Darüber hinaus gibt es eine riesige Sortenauswahl an Tomatensamen. Sie müssen nicht einmal einen Garten besitzen, denn es gibt spezielle Sorten, die in Pflanztaschen oder auf dem Fensterbrett gedeihen. Und wie beim Apfel aus dem Garten Eden gibt's kein Zurück mehr, wenn Sie erst einmal in eine selbst gezogene Tomate gebissen haben.

DIE BESTEN SORTEN

Die Sortenwahl hängt ganz von Ihren persönlichen Vorlieben ab, allerdings muss man wissen, dass es unterschiedliche Gruppen gibt. Zunächst einmal muss man berücksichtigen, um welche Wuchsform es sich handelt: Rispentomaten zieht man als Stabtomaten – dies sind hochwachsende Pflanzen mit einem an eine Stütze gebundenen Hauptstamm. Strauchtomaten sind buschiger und lassen sich leichter im Topf oder Korb ziehen. Einige Sorten gedeihen üppiger im Freiland, andere benötigen ein Gewächshaus oder ähnlichen Schutz, und wieder andere wachsen gut im Freiland, würden aber ein Gewächshaus vorziehen.

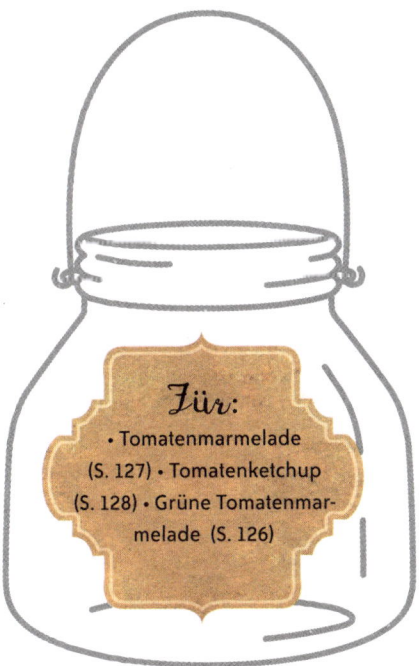

Für:
• Tomatenmarmelade
(S. 127) • Tomatenketchup
(S. 128) • Grüne Tomatenmarmelade (S. 126)

Schließlich stellt sich die Frage, welche Tomatenart(en) Sie anpflanzen möchten: ob Fleisch-, Pflaumen-, Salat- oder Kirschtomaten. Zum Konservieren eignen sich Pflaumen- oder Kirschtomaten am besten und für eine mehr in die süße als in die herzhafte Richtung tendierende Tomatenmarmelade sollte man 'Rosella' oder 'Orange Paruche' probieren – bzw. 'Green Envy' für die Grüne Tomatenmarmelade (siehe Seite 126).

PFLANZUNG

Säen Sie Samen im späten Winter unter Folie und pflanzen Sie sie in Töpfe um, ehe Sie sie nach den letzten Frösten im Frühsommer ins Freie pflanzen. Die Samen benötigen Keimtemperaturen von mindestens 15 °C. Alternativ kann man Jungpflanzen kaufen. Ob gekaufter Setzling oder aus Samen gezogene Pflänzchen, alle müssen vor dem Auspflanzen in Töpfe, Pflanztaschen oder das Freiland abgehärtet werden (siehe Seite 20). Stabtomaten werden an einem Stützpfahl aufgebunden.

PFLEGE

Stabtomatensorten in der Reihe mit 20–30 cm Abstand setzen und die Stämme an Stützpfählen aufbinden. In den Blattachsen erscheinende Seitentriebe ausgeizen. Hat die Pflanze das Ende des Stützpfahls erreicht, wird die Spitze gekappt. Gut wässern und regelmäßig mit Flüssigdünger nach Herstellerangaben versorgen, sobald sich die Frucht entwickelt. Das Ausbrechen der unteren Blätter lässt mehr Licht an die Früchte kommen und fördert die Fruchtreife.

Braunfäule ist bei Weitem das größte Problem bei Tomaten, insbesondere bei Freilandtomaten in feuchten und kühlen Sommern. Behalten Sie stets das Blattwerk und die Triebe im Blick und werfen Sie Blätter mit braunen Flecken und tote Pflanzenteile schnellstmöglich weg. Verbrennen Sie sie oder entsorgen Sie sie aus dem Garten. Das dürfte genügen, um eine Ausbreitung zu stoppen. Falls nicht, ernten Sie sämtliche nicht betroffenen Tomaten ab (grüne Tomaten kann man zu Marmelade verarbeiten – siehe Grüne Tomatenmarmelade, Seite 126) und reißen Sie die Pflanze aus.

ERNTE

Reif sind die Früchte, wenn ihre Farbe voll ausgeprägt ist. Pflücken Sie nach Mittag, dann sind die Tomaten hocharomatisch. Können Sie sie nicht sofort (stets empfehlenswert) verarbeiten, lagern Sie sie bei Raumtemperatur.

Grüne Tomatenmarmelade

Natürlich wollen wir alle, dass unsere Tomaten in sämtlichen Rottönen voll ausreifen, doch manchmal steht der Natur der Sinn nach anderem. Wenn Sie Ihre Früchte wegen Braunfäule oder frühen Frösten noch im grünen Zustand ernten mussten, dann machen Sie doch einmal diese fruchtig-spritzige, grüne Marmelade daraus und nicht das übliche Chutney. Alternativ kann man eine Sorte wie 'Green Envy' pflanzen, deren Früchte auch im ausgereiften Zustand noch grün sind.

ERGIBT etwa 1,4 kg

ZUTATEN

- 1,2 kg grüne Tomaten, halbiert
- 5 Zitronen
- 1 kg Kristallzucker

ZUBEREITUNG

- Aus jeder Tomate das Innere inkl. Saft, Kernen und Stielansätzen mit einem Teelöffel herauslösen und in einen Passierbeutel geben. Das Tomatenfleisch fein würfeln (ggf. in der Küchenmaschine zerkleinern) und in einen großen Topf geben.
- Die Schalen von den Zitronen reiben, dann die Zitronen auspressen. Den Zitronenabrieb in den Topf und die ausgepressten Zitronenhälften in den Passierbeutel geben.
- Den Zitronensaft in einen Messbecher gießen und mit Wasser auf 1,2 l auffüllen. Die Flüssigkeit in den Topf gießen.
- Den Passierbeutel zubinden und mit in den Topf geben.
- Den Topfinhalt zum Köcheln bringen und leise köcheln, bis die Zutaten (in etwa 45 Minuten) weich sind.
- Zum Schutz Gummihandschuhe anziehen. Den Beutel herausnehmen und möglichst viel Saft in den Topf pressen. Den Beutelinhalt wegwerfen.
- Den Zucker zugeben und unter stetigem Rühren auflösen. Die Hitze hochschalten und die Marmelade aufkochen. Sprudelnd kochen, bis sie eindickt (siehe *Gelierprobe*, Seite 32).
- Den Topf vom Herd nehmen und sorgfältig abschäumen. Dann in warme, sterilisierte Gläser füllen.

Aufbewahren: an einem kühlen, trockenen, dunklen Ort
Haltbar: mindestens ein Jahr

Tomatenmarmelade

Diese Marmelade esse ich lieber auf einem Käsebrot als frische Tomaten außerhalb der Saison. Wie so vieles, was man einmacht, bewegt sich auch diese Marmelade auf dem schmalen Grat zwischen süß und herzhaft – und wie Sie sie genießen, hängt wesentlich davon ab, aus welcher Tomatensorte sie gekocht wurde. Durch den hellen Muscovadozucker entwickelt das Aroma eine karamellige Note. Falls er Ihnen besser schmeckt, verwenden Sie Kristallzucker.

ERGIBT etwa 1,2 kg

ZUTATEN
- 1 kg Tomaten, halbiert und entkernt
- Saft von 3 Zitronen
- 1 TL feines Meersalz
- 1 l Wasser
- 1 kg heller Muscovadozucker

ZUBEREITUNG
- Das Tomatenfleisch grob würfeln (schneiden Sie keine zu großen Stücke, damit die Marmelade keine großen Hautstücke enthält) und samt Zitronensaft, Salz und Wasser in einen großen Topf geben. Bei schwacher bis mittlerer Hitze köcheln, bis die Tomaten weich sind. Dann gründlich zerdrücken.
- Den Zucker zugeben und unter stetigem Rühren auflösen. Die Hitze hochschalten und die Masse aufkochen.
- Sprudelnd kochen, bis die Marmelade eindickt (siehe *Gelierprobe,* Seite 32).
- Sorgfältig abschäumen und in warme, sterilisierte Gläser füllen.

Anpflanzen
- Tomaten (S. 124)
- Zitrusfrüchte: Zitronen (S. 101)

Aufbewahren: an einem kühlen, trockenen, dunklen Ort
Haltbar: mindestens ein Jahr

Tomatenketchup

Ob Sie es nun ausschließlich zu Pommes frites essen oder bei jeder Mahlzeit alles auf dem Teller Befindliche damit ersticken – Tomatenketchup ist für viele ein Grundnahrungsmittel. Wählen Sie das Paprikapulver entsprechend dem gewünschten Aroma: geräuchertes sorgt (Sie ahnen es) für eine rauchige Note, Paprikapulver edelsüß hat das sanfte Basisaroma und rosenscharfer Rauchpaprika eine pikante Würze mit Pfiff.

ERGIBT etwa 400 g

ZUTATEN

- 1 kg Tomaten (Gewicht ohne Rispen)
- 4 Knoblauchzehen, ungeschält
- 200 ml Cidreessig
- 100 g Muscovadozucker
- 1 TL feines Meersalz
- schwarzer Pfeffer nach Geschmack
- ½ TL Paprikapulver
- ¼ TL gemahlene Nelken
- ¼ TL gemahlenes Piment

ZUBEREITUNG

- Den Ofen auf 180 °C/Gas Stufe 4 vorheizen.
- Die Tomaten und die Knoblauchzehen (dicht nebeneinander) auf ein Backblech legen und 30 Minuten rösten.
- Die Knoblauchzehen aus den Häuten drücken und mit den Tomaten und dem Tomatensaft pürieren.
- Die pürierten Tomaten durch ein Sieb in einen mittelgroßen Topf streichen, sodass die Kerne zurückbleiben.
- Die übrigen Zutaten hinzufügen.
- Unter Rühren den Zucker auflösen und bei schwacher Hitze langsam zum Köcheln bringen.
- Weiterköcheln, bis sich das Ketchup zu einer dicklichen Soße reduziert hat. Es sollte noch fließfähig sein – während des Abkühlens wird es noch fester.
- In warme, sterilisierte Gläser oder Flaschen füllen.

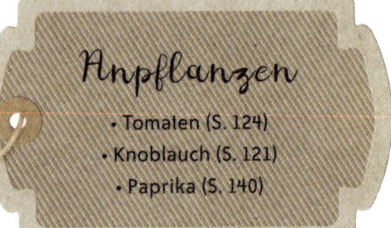

Anpflanzen

- Tomaten (S. 124)
- Knoblauch (S. 121)
- Paprika (S. 140)

Aufbewahren: an einem kühlen, trockenen, dunklen Ort
Haltbar: mindestens sechs Monate; nach dem Öffnen zwei Monate

Für die ganz besondere Note

PAPRIKA
Ersetzen Sie die Tomaten durch Paprikaschoten oder den milden, rauchigen Poblano.
- Die Paprikaschoten vor dem Rösten halbieren und das Innere mit den Kernen, dem Fruchtgehäuse und dem Stielansatz herausschneiden.

Zwiebeln und Schalotten kultivieren

Zugegebenermaßen stehen Zwiebeln weit unten auf der Liste der «unverzichtbaren» Akteure im Gemüsebeet, es sei denn, Sie streben an, als Selbstversorger autark zu sein. In der Regel kann man kaum eine normale weiße Zwiebel kultivieren, die signifikant besser schmeckt als eine gekaufte. Und in Anbetracht der Kosten für Steckgut oder Samen und der investierten Zeit sind selbst gezüchtete Zwiebeln letztendlich auch noch teurer. Wer nur wenig Platz hat, sollte sich auf andere Pflanzenarten konzentrieren, doch wer die Möglichkeit hat, sollte rote Zwiebeln und Schalotten pflanzen, sie lohnen den Aufwand wesentlich mehr.

DIE BESTEN SORTEN

Sowohl 'Roter Baron' als auch 'Electric' sind verbreitete, bewährte und schmackhafte rote Zwiebeln. Was Schalotten anbelangt, wählt der Küchenchef 'Eschalote Grise' (aus botanischer Sicht keine Schalotte, wird jedoch als solche angeboten). 'Jermor' und 'Pikant' sind ebenfalls eine gute Wahl. Wer weiße Zwiebeln anpflanzen möchte, sollte es mit 'Centurion' versuchen.

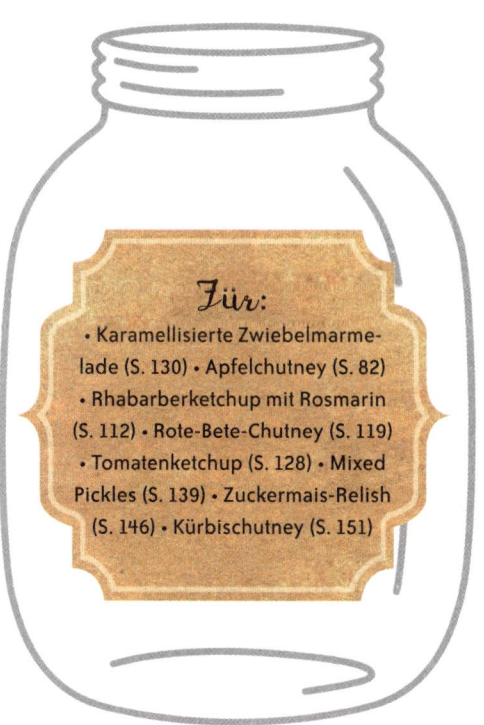

Für:
• Karamellisierte Zwiebelmarmelade (S. 130) • Apfelchutney (S. 82)
• Rhabarberketchup mit Rosmarin (S. 112) • Rote-Bete-Chutney (S. 119)
• Tomatenketchup (S. 128) • Mixed Pickles (S. 139) • Zuckermais-Relish (S. 146) • Kürbischutney (S. 151)

PFLANZUNG

Zwiebeln und Schalotten brauchen volle Sonne, gut entwässernden Boden und gute Luftzirkulation, weil Feuchtigkeit Pilzkrankheiten fördert, die die Ernte ruinieren können.

Bei den meisten Sorten haben Sie die Wahl zwischen Saat- und Steckgut (kleine Pflanzzwiebelchen oder -schalotten, die vorgezogen und im Wachstum gestoppt wurden, um später wieder eingepflanzt zu werden). Steckzwiebeln sind bei Weitem die einfachste Methode, besonders in kühlen Regionen, wenngleich sie eher zum Schossen neigen, sofern sie nicht wärmebehandelt wurden.

Säen Sie die Samen im späten Winter unter Folie, dann Mitte Frühling ins Freie pflanzen oder zum selben Zeitpunkt direkt ins Freiland säen – am besten sät man in die Boxen einer Anzuchtschale oder nach der Lochsaatmethode, wobei später auf die kräftigsten Sämlinge vereinzelt wird. Steckzwiebeln im Herbst oder im zeitigen Frühling legen, und zwar so tief, dass nur die Spitze aus der Erde herausschaut.

Für Zwiebeln gilt: Abstand in der Reihe 10 cm und zwischen den Reihen 30 cm. Bei Schalotten belässt man 4 cm Abstand in der Reihe, wenn es sich um Samen handelt, und 15 cm, wenn es sich um Steckzwiebeln handelt (Steckzwiebeln entwickeln größere Knollenbüschel, Samen nur eine einzige Knolle) und 20 cm zwischen den Reihen.

PFLEGE

Halten Sie die Reihen unkrautfrei. Bei Trockenheit nach Bedarf wässern, jedoch nicht das Laub und die Knollen selbst – das kann Krankheiten fördern.

ERNTE

Ab Mitte bis Ende Sommer beginnt das Laub gelb zu werden. Dann werden die Zwiebeln/Schalotten (in einer trockenen Periode) aus der Erde gezogen und entweder auf dem Boden oder einer Bank zum Trocknen in die Sonne gelegt. Ziel ist es, dass die Luft an jede Zwiebel gut herankommt und die äußeren Zwiebelschichten in der Sonne gut trocknen, damit sich im Inneren keine Fäulnis bildet. Nachdem sie einige Tage getrocknet wurden, kann man die Zwiebeln an einem kühlen, trockenen Ort lagern.

Karamellisierte Zwiebelmarmelade

Dies ist nicht wirklich eine Marmelade im echten Sinne des Wortes, aber die süße, klebrige Zwiebelreduktion ist weithin unter diesem Namen bekannt. Darüber hinaus ist es eine der wenigen chutneyartigen Konserven, die man sofort essen kann – und zwar je früher, desto besser. Genießen Sie karamellisierte Zwiebelmarmelade auf einem Braten- oder Käsesandwich, bestreichen Sie Bratwurst oder füllen Sie eine pikante Tarte oder Quiche damit.

Man beachte: Rote Zwiebeln sind von Natur aus süßer als weiße und benötigen daher eine geringere Zuckerzugabe.

ERGIBT etwa 250 g

ZUTATEN
- 2 EL Olivenöl
- 450 g Zwiebeln, in dünne Scheiben geschnitten
- 1 Knoblauchzehe, zerdrückt
- 1 Prise feines Meersalz
- 6 Zweige Thymian, nur die Blättchen
- ¼ Sternanis
- 2 EL Rotweinessig
- 3 EL Balsamessig
- 2 EL dunkler Muscovadozucker (1 EL bei Verwendung von roten Zwiebeln)

ZUBEREITUNG
- Das Öl bei schwacher Hitze in einer Pfanne oder einem Topf mit schwerem Boden erhitzen.
- Die Zwiebeln mit Knoblauch, Salz, Thymian und Sternanis dazugeben und leise schwitzen (sie dürfen nicht bräunen)
- Köcheln bis sie sehr weich sind (das kann bis zu einer Stunde dauern). Regelmäßig umrühren.
- Den Sternanis entfernen und die beiden Essigsorten samt Zucker zugeben und weiterkochen, bis die Zwiebeln karamellisieren und der Großteil der Flüssigkeit verdampft ist.
- In warme, sterilisierte Gläser füllen.

Anpflanzen
- Zwiebeln (S. 129)
- Knoblauch (S. 121)
- Thymian (S. 157)

Aufbewahren: im Kühlschrank
Haltbar: mindestens ein Monat, schmeckt besser je frischer

Stangen- und Strauchbohnen kultivieren

Diese überaus produktiven Pflanzen liefern jede Menge Erträge zum Einlegen und zum Direktverbrauch. Sorten mit violetten oder weißen Kernen bringen nicht nur Farbe in den Garten, sondern auch auf den Teller und ins Einmachglas – und die hübschen Blüten locken Bienen an.

DIE BESTEN SORTEN

Zunächst stellt sich die Frage, wie Sie die Bohnen kultivieren möchten – Strauchbohnen gedeihen gut in Töpfen und in Reihen, sind sehr ertragreich, jedoch nicht über einen so langen Zeitraum wie die Stangenbohnen. Bringt man jedoch ab dem zeitigen Frühjahr zwei oder drei Saaten aus und schützt sie mit speziellen Kulturschutznetzen oder Glasglocken, kann man den ganzen Sommer über bis in den Herbst hinein reichlich Buschbohnen ernten. Stangenbohnen haben einen geringen Platzbedarf am Boden, vor allem wenn sie an Stangen oder einer Kletterhilfe oder gar an Maispflanzen (siehe Seite 145) entlang wachsen. Ist die gewünschte Wuchsform klar, müssen Sie entscheiden, ob die Kerne rund oder flach sein und welche Farbe sie haben sollen.

Gute Busch- oder Strauchbohnen sind die grüne 'Prince' mit flachem Kern, die grüne 'Delinel' mit rundem Kern, die violette 'Purple Teepee' mit rundem Kern und die gelbweiße 'Rocquencourt' mit flachem Kern. Die Stangenbohnen 'Cobra' und 'Blue Lake' sind gute grüne Sorten mit rundem Kern. Probieren Sie aber auch 'Kingston Gold' wegen ihrer gelbweißen, flachen Kerne sowie 'Cosse Violette' wegen ihrer violetten, runden Kerne.

PFLANZUNG

Strauch- und Stangenbohnen sind frostempfindlich. Säen Sie in Anzuchtschalen oder Töpfen unter Folie Mitte Frühjahr, topfen Sie um nach Bedarf und setzen Sie ins Freiland um, wenn keine Frostgefahr mehr besteht. Alternativ können Sie im späten Frühjahr direkt ins Freiland säen: Lochsaat in Reihen bei Strauchbohnen sowie Lochsaat um Bambus-/Haselnussstangen oder ähnliche Rankhilfen bei Stangenbohnen. Für Strauchbohnen gilt: Abstand 25 cm in der Reihe und kurze Bambusstäbe als Stütze geben, ggf. aufbinden. Bei einem aus fünf bis sechs Stangen bestehenden Bohnen-Wigwam reichen zwei Saatbohnen pro Stange. Legen Sie zwei Saatbohnen pro Loch und vereinzeln Sie auf die stärkste Pflanze.

PFLEGE

Außer Wässern, vor allem während der Blüte und der Fruchtentwicklung, erfordern Bohnen relativ wenig Zutun. Vielleicht müssen Sie den Stangenbohnen den allerersten Dreh um die Stange weisen und Topfbohnen düngen. Haben Sie auch auf Nacktschnecken ein Auge. Frühe wie späte Aussaaten müssen Sie mit Glasglocken oder Pflanztunneln vor Frost schützen.

ERNTE

Man pflückt am besten häufig, solange die Bohnen jung und die Kerne zart sind. Kontrollieren Sie stets, ob Sie welche übersehen haben, denn fangen die Samenkerne an zu trocknen, signalisieren sie der Pflanze, dass sie ihre Produktion einstellen soll. Bei Strauchbohnen schneiden Sie die Hülsenbüschel ab, damit Sie nicht die ganze Pflanze ausreißen, und Stangenbohnen zwickt man behutsam mit den Fingernägeln aus.

Für:
- Mixed Pickles (S. 139)
- Eingelegte Gemüsesticks (S. 135)

Gurken kultivieren

Gurken sind produktive, aber empfindliche Gewächse. Frost überstehen Sie nicht. Dennoch ist es möglich, im Freiland wie im Gewächshaus einen hohen Ertrag zu erzielen. Da man schöne kleine Einlege- und Miniatursorten für Essig-, Gewürzgurken und Cornichons nicht so leicht im Laden bekommt, lohnt es sich umso mehr, ein oder zwei Pflanzen selbst anzubauen.

DIE BESTEN SORTEN

Gurkensorten gibt es als Treibhaussorten und solche, die im Freiland oder unter Folie gedeihen. Zu den guten Freilandsorten zählen 'Burpless Tasty Green' und 'Crystal Lemon'. Fürs Gewächshaus empfehle ich 'Petita', und als Gewürzgurkensorten wählen Sie am besten 'Venlo Pickling' und 'Vert Petit de Paris'.

PFLANZUNG

Säen Sie Mitte Frühjahr bei Temperaturen von 18–20 °C in Anzuchtschalen unter Folie. Wachsen kleine Würzelchen unten aus den Boxen heraus, pflanzen Sie in kleine Töpfchen um. Abhärten (siehe Seite 20) und im Frühsommer nach den letzten Frösten ins Freie auspflanzen. Alternativ im späten Frühjahr im Gewächshaus direkt in Töpfe oder Pflanztaschen pflanzen.

Gurken verlangen eine warme, sonnige Lage und nahrhaften, feuchten (keinesfalls nassen) Boden. Arbeiten Sie reichlich Komposterde in den Boden ein, wenn Sie ins Freiland pflanzen und mulchen Sie anschließend mit weiterem Kompost. Gurken zieht man am besten an einem Gurken-Wigwam, Rankstangen, Drähten oder einem Rankgerüst hoch, um am Boden Platz zu sparen. Sie müssen etwa alle 30 cm vorsichtig festgebunden werden.

PFLEGE

Halten Sie den Boden stets feucht und versorgen Sie die Pflanzen bei Wachstums- oder Fruchtentwicklungsstörungen mit Flüssigdünger. Kappen Sie die Pflanzen, wenn sie am oberen Ende der Kletterhilfe angelangt sind und reduzieren Sie die Seitentriebe auf sieben Blätter. Bei Anzeichen von Mehltau (weiße Flecken auf dem Blattwerk) entfernen Sie die befallenen Blätter sofort, um eine Ausbreitung zu verhindern.

Das Gurkenmosaikvirus, das für eine gelbe Scheckung der Blätter und Wachstumsstörungen verantwortlich ist, ist nicht behandelbar – reißen Sie die ganze Pflanze aus.

ERNTE

Schneiden Sie die Gurken ab, sobald sie 10–15 cm lang sind. Früchte, die kleiner sind, können bitter schmecken, solche, die größer sind, haben dickere Schalen und weniger Aroma.

Für:
- Eingelegte Gurken (S. 135)
- Mixed Pickles (S. 139)

Eingelegte Gurken

Gurken wachsen in den Sommermonaten so rasch und ergiebig, dass sie die idealen Anwärter fürs Einmachglas sind. Ob Sie nun dünne Scheiben oder ganze Gewürzgurken bevorzugen, eingelegte Gurken sind verdientermaßen sehr beliebt und besonders köstlich zu Fisch wie Lachspastete und fettem Fleisch wie Grillhähnchen. Dill, das klassische Gurkengewürz, passt zum Aroma und ist darüber hinaus gesund, denn er hilft unserem Organismus, die von Natur aus schwer verdauliche Gurke aufzuschließen.

Anpflanzen

- Gurken (S. 133)
- Möhren (S. 113)
- Bohnen (S. 132)
- Dill (S. 155)

Aufbewahren: im Kühlschrank
Haltbar: sechs Monate;
nach dem Öffnen einen Monat

ERGIBT etwa 500 g

Man beachte: Die sich ergebende Menge und der Platz für die Aufgussflüssigkeit hängen davon ab, ob überhaupt und wie die Gurken geschnitten wurden. Übrig gebliebene Flüssigkeit kann man in einem Glas im Kühlschrank aufheben und über frisch geschnittenes Gemüse gießen, das man für schnelle Pickles 2–3 Stunden ziehen lässt.

ZUTATEN

- 500 g Gurken
- 1½ EL feines Meersalz
- 250 ml Cidreessig
- ½ EL Kristallzucker
- ½ EL schwarze Pfefferkörner
- 3 Wacholderbeeren (oder mehr; bis 3 pro Glas)
- 1 mittelgroßer Bund frischer Dill

ZUBEREITUNG

- Die Gurken vorbereiten: Dickere Stellen ausschneiden, größere Gurken in Scheiben oder lange Stücke schneiden. Kleinere Gewürzgurken/Cornichons kann man ganz belassen. Die Gurken in eine Keramik- oder Glasschüssel geben und mit Salz durchstreut bei Raumtemperatur abgedeckt 24 Stunden ziehen lassen.
- Essig, Zucker, Pfefferkörner und Wacholderbeeren in einem kleinen Topf erhitzen und den Zucker unter Rühren auflösen. Aufkochen. Den Topf vom Herd nehmen und die Flüssigkeit abkühlen lassen.
- Die Gurken abgießen, abspülen und sauber abtrocknen. Mit Dill vermischt in ein sterilisiertes Glas (oder mehrere Gläser) einfüllen und mit der kalten Aufgussflüssigkeit so übergießen, dass die Gurken 1 cm hoch mit Flüssigkeit bedeckt sind und unterhalb des Glasrands noch 1 cm Platz ist. Das Glas verschließen.

Für die ganz besondere Note

EINGELEGTE GEMÜSESTICKS

Gurken und Möhren (auch eine gute Kombination) kann man mit ganzen Bohnenhülsen zusammen einlegen und als Snack oder zum Brot servieren.

- Verwenden Sie 165 g Gurken, 165 g Möhren und 165 g zuvor gar gekochte Bohnenhülsen
- Die Möhren schälen und von den Enden befreien. Von den Bohnenhülsen die Enden abschneiden. Gurken und Möhren in passende lange Stücke schneiden und die Bohnenhülsen auf die Höhe des Glases (der Gläser) zuschneiden. Dann kann man sie alle schön aufrecht stellen.

Blumenkohl kultivieren

Zur Gattung Kohl, zu der u. a. auch Blumenkohl, Brokkoli und Gemüsekohlsorten gehören, habe ich ein schwieriges Verhältnis. Eigentlich ziehe ich es vor, meinen Gemüsegarten so natürlich wie möglich aussehen zu lassen, doch Kohlpflanzen muss man unbedingt gegen Vögel und Schmetterlinge schützen, und ich nehme es ihnen übel, dass ich sie in Netze packen muss. Aber … ihre Sortenvielfalt, insbesondere die des Blumenkohls, macht diesen Nachteil wieder wett.

DIE BESTEN SORTEN

Es gibt Blumenkohlvarietäten, die in fast jedem Monat des Jahres ausreifen können. Ich konzentriere mich hier aber auf die Sorten, die im Herbst beerntet werden. 'Graffiti' ist eine violette Sorte, 'White Rock' dagegen eine bewährte weiße Sorte. Miniatursorten wie 'Igloo' oder 'Fremont' sind eine gute Wahl bei geringem Platzangebot. Romanesco wird mitunter als Brokkoli bezeichnet, doch m. E. ist er ein Blumenkohl. Seine charakteristischen spitzen, limettengrünen Röschen sind wunderschön zum Einlegen.

PFLANZUNG

Blumenkohl mag gern nährstoffreichen Boden und volle Sonne. Arbeiten Sie vor dem Säen oder Pflanzen also reichlich Komposterde ein. Säen Sie Saatgut Mitte Frühjahr in Anzuchtschalen und pflanzen Sie die Sämlinge aus, wenn sie eine angemessene Größe haben. Alternativ verfahren Sie nach der Lochsaatmethode und vereinzeln auf die kräftigsten Pflänzchen. Pflanzabstand ist 45 cm und bei den größeren Sorten 60 cm (siehe die Kulturanleitung auf der Samentüte). Bei Miniatursorten beträgt der Pflanzabstand rundum je 15 cm. Achten Sie darauf, dass die Pflänzchen fest im Boden sitzen und decken Sie sie ab, sobald sie ausgepflanzt sind oder sprießen. Spezielle Kulturschutznetze halten Kohlweißlinge und Tauben fern – spannen Sie sie über Tunnelbögen und verankern Sie sie mithilfe von Steckbügeln – oder kaufen Sie Fertigtunnel.

PFLEGE

Wässern Sie die Pflanzen ausgiebig, insbesondere bei heißem, trockenem Wetter, damit sie nicht schossen. Halten Sie außerdem das Unkraut in Schach, damit die Kohlpflanzen nicht in ihrem Wachstum gehemmt werden.

ERNTE

Sowie der Kohlkopf eine gute Größe erreicht hat, schneiden Sie ihn vom Strunk ab. Bleibt der Strunk im Boden, produziert er noch einige kleine Seitenschösslinge. Man kann aber auch direkt die ganze Pflanze ausgraben.

Für:
• Mixed Pickles
(S. 138)

Mixed Pickles

Jede Küchenkultur hat ihre eigene Version von eingelegten Gemüsemischungen – die Briten haben Picalilli, die Amerikaner Chow-Chow. Dieses italienische Rezept mit klarem Aufguss ähnelt sehr der französischen Version, und beide kann man grob übersetzen mit «aus dem Garten». Jede Gemüsekombination ist möglich: Das Appetitliche liegt in der Mischung und dem bunten, frischen Aussehen, das jede Zutat dem fertigen Pickle verleiht.

Anpflanzen

- Möhren (S. 113)
- Blumenkohl (S. 136)
- Gurken (S. 133)
- Zwiebeln und Schalotten (S. 129) • Paprika (S. 140)
- Bohnen (S. 132)
- Küchenkräuter (S. 154)

ERGIBT etwa 1,9 kg

ZUTATEN

- 1 kg Gemüsemischung (aus einigen oder allen Sorten: Möhren, Blumenkohl, Perlzwiebeln oder Schalotten, Gurken, Paprikaschoten und Bohnen; Letztere vorab gut durchgegart, weil sie sonst giftig sind)
- 3 EL feines Meersalz
- 1 l Cidreessig
- 3 EL Kristallzucker
- 1 EL schwarze Pfefferkörner
- 1 TL Koriander- oder Fenchelsamen oder Zweige frischen Rosmarins (1–2 pro Glas)

ZUBEREITUNG

- Das Gemüse in etwa mundgerechte Stücke schneiden: die Möhren und Gurken längs in lange Stücke schneiden, den Blumenkohl in Röschen brechen, die Zwiebeln/Schalotten vierteln, bei den Paprikaschoten das Innere mit den Kernen, dem Fruchtgehäuse und dem Stielansatz herausschneiden und in lange Stücke schneiden, von den Bohnenhülsen die Enden abschneiden.
- Das Gemüse in eine große Keramik- oder Glasschüssel geben und mit Salz durchstreut bei Raumtemperatur abgedeckt über Nacht (oder bis zu 24 Stunden) ziehen lassen.
- Das Gemüse abgießen, abspülen und sauber abtrocknen. Weiter trocknen lassen und unterdessen die restlichen Zutaten in einen großen Topf geben. Die Essigmischung erhitzen und den Zucker unter Rühren auflösen.
- Die Essigmischung aufkochen. Nun das Gemüse hinzufügen.
- Nach dem erneuten Aufwallen das Gemüse abschöpfen und (möglichst dicht) in warme, sterilisierte Gläser füllen.
- Mit der heißen Aufgussflüssigkeit übergießen und verschließen.
- Die Gläser vor dem Wegräumen bei Raumtemperatur abkühlen lassen. Die Pickles vor dem Verzehr am besten einen Tag oder zwei durchziehen lassen – man kann sie aber auch sogleich verzehren.

Man beachte: Evtl. übrig gebliebene Flüssigkeit kann man in einem Glas im Kühlschrank aufheben und daraus zu einem späteren Zeitpunkt schnelle Pickles machen (gießen Sie sie über vorbereitetes Gemüse und lassen Sie es vor dem Servieren 1–2 Stunden ziehen).

Aufbewahren: im Kühlschrank
Haltbar: mindestens drei Monate

Chilis und Paprika kultivieren

Chilis haben weitaus mehr als nur verschiedene Schärfegrade – sie haben auch ein richtig volles Aroma. Von den milden Poblano-Sorten – probieren Sie sie in der Paprika-Variation des Tomatenketchups (siehe Seite 128) – bis hin zu den scharfen Habanero-Sorten (Scotch-Bonnet) gibt es Chilis für jeden Geschmack und jede Schärfetoleranz. Viele Erzeuger veranstalten Hoffeste und Tage der offenen Tür, auf denen Sie Schoten, Pflanzen und Samen erwerben können. Vielleicht entdecken Sie bei dieser Gelegenheit ja Ihre Lieblingssorte. Auch bei den Paprika hat der Samenkatalog wesentlich mehr Varietäten zu bieten als das Supermarktregal.

DIE BESTEN SORTEN

Zum Konservieren tendiere ich zu den mittelscharfen Habanero-Sorten wie 'Apricot' und 'Trinity'. 'Cayenne Long Slim' ist eine gute scharfe Sorte, während 'Hungarian Hot Wax' oder 'Hungarian Black' eine weitere milde, aber aromatische Wahl sind. Rauchige Poblano-Paprika gibt es in der Regel als 'Poblano'-Samen zu kaufen.

Für:
• Chilimarmelade (S. 142)
• Süßer Chili-Dip (S. 144)
• Kürbischutney (S. 150)
• Tomatenketchup (S. 128)
• Mixed Pickles (S. 138)

Wenn Sie Paprika kultivieren möchten, wählen Sie die langen, konisch zulaufenden Arten und nicht die allgegenwärtige Glockenform. Zu den guten Sorten zählen 'Friggitello', 'Mohawk' (die früh reift und deshalb für gemäßigte Klimata gut geeignet ist) und die Baby-Paprika 'Minibel Orange'.

PFLANZUNG

Säen Sie Paprika im späten Winter im Haus vorzugsweise in einer beheizten Aufzuchtstation, denn sie benötigen Keimtemperaturen von mindestens 18 °C. Alternativ können Sie Jungpflanzen kaufen. Anbauspezialisten haben das größte Sortiment.

Nach dem letzten Frost an den wärmsten Sonnenplatz auf Ihrem Grundstück pflanzen. Chilis und einige Paprika-Sorten (lesen Sie nach, wie groß die Pflanze wird) gedeihen auch gut im Topf auf der Terrasse oder dem Fensterbrett.

PFLEGE

Die Pflanzen immer gut wässern und düngen, vor allem die in Töpfen wachsenden. Unterstützen Sie die Befruchtung von in Innenräumen stehenden Pflanzen, indem Sie sie während der Blüte mit Wasser besprühen.

Die Zweige der Sorten, die große Früchte tragen, und selbst die, die keine Früchte tragen, können so schwer werden, dass man sie am besten an ein Stützgitter aufbindet. Dazu teilt man den Zweig im Geiste in drei Abschnitte ein, verknotete die Kordel am Stab, führt sie um den unteren Abschnitt, führt sie zurück um den Stab, dann um den mittleren Abschnitt, wieder zurück um den Stab und zum Schluss um den oberen Abschnitt und verknotete sie wieder am Stab. Bei einer 30 cm hohen Pflanze bindet man in etwa 15 cm Höhe über dem Boden und nochmals in 30 cm Höhe, wenn die Pflanze 40–50 cm hoch ist.

ERNTE

Paprika ist abhängig von der Sorte und dem Aussaattermin ab Hochsommer erntereif. Die Schoten sind ausgereift, wenn sie sich auf sanften Druck noch fest anfühlen. Sie können dann gepflückt werden, selbst wenn sie noch grün sind. Das beste Aroma haben sie, wenn man sie voll ausreifen lässt, d. h., wenn ihre Farbe voll ausgeprägt ist.

Chilimarmelade

Das Schöne an der eigenen Chilikonserve ist, dass man den Schärfegrad vollkommen selbst in der Hand hat. Sie haben nicht nur die Möglichkeit, die Chilimenge ganz nach Gusto zu bestimmen, sondern können auch die Sorten anbauen und verarbeiten, die den Schärfegrad und das Aroma haben, welches Sie wünschen. Das Rezept ergibt eine (ziemlich) milde Marmelade, die besonders lecker zu Ziegenkäse schmeckt, aber ungefähr zu allem passt.

ERGIBT etwa 450 g

ZUTATEN

- 375 g Tomaten
- 4–5 Knoblauchzehen, ungeschält
- 1 Schuss Olivenöl
- 6 rote Chilischoten, das Innere mit den Kernen, dem Fruchtgehäuse und dem Stielansatz herausgeschnitten, fein gewürfelt (kocht man das weiße Innere in der Marmelade mit, wird sie schärfer – wenn Sie wünschen, können Sie es entfernen)
- Saft von 1½ Zitronen
- ¾ TL feines Meersalz
- 4½ EL Balsamessig
- 140 g heller Muscovadozucker
- 5 EL Honig

ZUBEREITUNG

- Den Ofen auf 180 °C/Gas Stufe 4 vorheizen.
- Die Tomaten und die Knoblauchzehen im Olivenöl wälzen und dicht nebeneinander auf ein Backblech legen. 30 Minuten rösten, bis sie weich sind und der Knoblauchduft die Küche durchströmt.
- Das Blech aus dem Ofen nehmen und die Knoblauchzehen aus den Häuten drücken. Die Chilischoten mit den Tomaten und dem Knoblauch glatt pürieren und in einen Topf geben. Den Zitronensaft mit Salz und Essig unterrühren und auf Mittelhitze zum Köcheln bringen.
- Zucker und Honig hinzufügen und unter Rühren auflösen. 45–60 Minuten unter regelmäßigem Rühren weiterköcheln, bis die Masse reduziert und ein Kochlöffel, den man am Topfboden entlangzieht, eine deutliche Spur hinterlässt.
- In warme, sterilisierte Gläser füllen und verschließen.

Aufbewahren: an einem kühlen, trockenen, dunklen Ort; nach dem Öffnen im Kühlschrank
Haltbar: mindestens ein Jahr; nach dem Öffnen 3–4 Monate

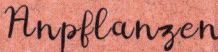

Anpflanzen

• Chilis (S. 140) • Tomaten (S. 124)
• Knoblauch (S. 121) • Zitrusfrüchte:
Zitronen (S. 101)

Süßer Chili-Dip

Süße Chili-Soße findet man überall in der Asia-Sektion der Supermarktregale. Dabei ist sie unglaublich einfach, selbst zu machen. Und weil Sie außerdem Ihre Lieblingschilis für das beste Aroma und Ihre Wunschschärfe verarbeiten können, ist diese Soße goldrichtig für Sie. Krönen Sie ein Curry und Reis damit oder tunken Sie einfach Ihre Lieblingskräcker oder anderes pikantes Gebäck hinein.

ERGIBT etwa 230 g

ZUTATEN

- 5 rote Chilischoten, das Innere mit den Kernen, dem Fruchtgehäuse und dem Stielansatz herausgeschnitten, fein gewürfelt
- 5 Knoblauchzehen, zerdrückt
- 250 ml Cidreessig
- Saft von 1 Orange
- 150 g Kristallzucker

ZUBEREITUNG

- Die Zutaten in einen mittelgroßen Topf geben. Den Zucker unter Rühren auflösen und die Mischung bei schwacher bis mittlerer Hitze zum Köcheln bringen. Weiterköcheln, bis die Soße stark reduziert und sirupartig ist.
- In warme, sterilisierte Gläser oder Flaschen füllen.

Anpflanzen
- Chilis (S. 140)
- Knoblauch (S. 121)
- Zitrusfrüchte: Orangen (S. 101)

Aufbewahren: an einem kühlen, trockenen, dunklen Ort; nach dem Öffnen im Kühlschrank
Haltbar: mindestens zwei Monate

Zuckermais kultivieren

Der Schlüssel steckt in der Bezeichnung: *Zucker-* oder *Süß-mais*. Wieder eine Pflanze, der das Anpflanzen im eigenen Garten wirklich zugutekommt, denn so kann sie nur wenige Minuten nach dem Ernten im Kochtopf landen, was man von landwirtschaftlich geerntetem Zuckermais trotz des gigantischen Parks aus unzähligen raffinierten Maschinen, die den Mais bereits auf dem Acker verarbeiten, nicht behaupten kann. In einem guten Sommer kann es sein, dass Sie sich vor Maiskolben nicht retten können – das macht Zuckermais zum idealen Einmachkandidaten.

DIE BESTEN SORTEN

Es gibt einige besonders süße Sorten, etwa 'Earlibird', doch die weniger süßen Sorten sind aromatischer, gedeihen besser in gemäßigtem Klima und sind immer noch weitaus süßer als alles, was man kaufen kann. Sowohl 'Swift' als auch 'Sundance' sind bewährte Sorten. Baby-Sorten wie 'Blue Jade' (mit blau-schwarzen Körnern) und 'Minipop' kann man in Töpfen ziehen.

PFLANZUNG

Süßmais liebt gut entwässernden, leichten Boden, volle Sonne und ist dankbar für einen Windschutz, dieser darf aber nicht die Befruchtung behindern (siehe unten).

Säen Sie im späten Frühjahr nach der Lochsaatmethode: dazu zwei oder drei Samenkörner pro Loch im Block und nicht in Reihen legen. Abstand 35 cm im Block; 45 cm zwischen den Blockreihen. Die Blockpflanzung erhöht die Befruchtungsraten wesentlich, denn Mais wird durch den Wind bestäubt. Der Wind, der durch die Pflanze fährt, schüttelt die Pollen der an der Spitze befindlichen männlichen Blütenrispe hinab auf die weiblichen Blüten. Eine Miniglocke aus einer halben Plastikflasche als Abdeckung über jedem Pflanzloch fördert die Anfangsentwicklung – entfernen Sie die Flaschen, sobald die Pflanzen oben angekommen sind. Vereinzeln Sie auf einen oder zwei Sämlinge pro Loch. Die Samenkörner kann man auch in Anzuchtschalen säen – vorzugsweise in Wurzeltrainer oder Toilettenpapierhülsen, damit die Würzelchen optimale Platzverhältnisse vorfinden.

PFLEGE

Zuckermais braucht nicht viel Wasser, bis sich die Kolben entwickeln. Selbst dann genügen ein paar gute Güsse. Halten Sie den Boden unkrautfrei und pflanzen Sie in Dreier-Mischkultur. Bei dieser alten platzsparenden Methode werden die folgenden drei Beetpartner zusammengepflanzt: Zuckermais, ein Unkraut unterdrückender Unterwuchs aus Kürbis sowie Stangenbohnen, die am Mais hochranken. Alternativ lässt man die Stangenbohnen weg und pflanzt in Zweier-Mischkultur.

ERNTE

Im Spätsommer und Frühherbst, wenn die Bärte braun werden. Testen Sie jeden Kolben, indem Sie ein Maiskorn mit dem Fingernagel anritzen. Tritt weißlicher Saft aus, ist der Mais erntereif. Brechen Sie den Kolben drehend ab.

Für:
• Zuckermais-Relish
(S. 146)

Zuckermais-Relish

Ein Grillabend ist nicht perfekt ohne ein Glas dieses Relishs. Die Paprikaschote muss nicht unbedingt rot sein, aber das fertige Relish bekommt damit richtig Farbe.

ERGIBT etwa 800 g

ZUTATEN
- 3 große oder 4 mittelgroße Zuckermaiskolben
- 1 rote Paprikaschote, das Innere mit den Kernen, dem Fruchtgehäuse und dem Stielansatz herausgeschnitten
- 4 Schalotten
- 500 ml Cidreessig
- 150 g Kristallzucker
- 2 EL Speisestärke
- 2 TL feines Meersalz
- 2 TL Senfpulver
- ¼ TL Kurkuma

ZUBEREITUNG
- In einem großen Topf Wasser zum Kochen bringen, salzen und die Maiskolben hineingeben.
- 3 Minuten kochen, dann aus dem Wasser nehmen und die Körner abschneiden.
- Die Paprikaschote und die Schalotten in kleine Würfel etwa von der Größe der Maiskörner schneiden und mit dem Mais vermengen.
- Essig, Zucker und Stärke mit den Gewürzen in einen großen Topf geben und bei schwacher Hitze mit dem Schneebesen gut durchrühren und auflösen.
- Aufkochen und das Gemüse hinzufügen.
- 25–30 Minuten köcheln, bis die Soße eindickt und die Gemüse umhüllt.
- Abschäumen und in warme, sterilisierte Gläser füllen.

Anpflanzen
- Zuckermais (S. 145)
- Paprika (S. 140)
- Schalotten (S. 129)

Aufbewahren: an einem kühlen, trockenen, dunklen Ort; nach dem Öffnen im Kühlschrank
Haltbar: mindestens ein Jahr

Kürbis und Squash kultivieren

Der Herbst ist meine Lieblingsjahreszeit. Ich liebe die Farben der Blätter, die sagenhaften frostigen, aber sonnigen Morgen und das Füllhorn an Obst und Gemüse, das uns der Garten beschert. Da darf die Kürbissammlung auf meinem Küchenfensterbrett nicht fehlen – bis alle Exemplare gekocht, sprich gegessen sind.

DIE BESTEN SORTEN

Selbstverständlich kann man sie essen; doch tendieren Sie besser nicht zu jenen Kürbissorten, die primär zum Schnitzen von Halloween-Laternen gezüchtet werden. Wählen Sie stattdessen Sorten, die für ihr vorzügliches Aroma bekannt sind, etwa 'Crown Prince' und 'Kabocha'. Wobei es wirklich auf die eigenen Vorlieben ankommt – Sie sollten die Früchte Ihrer Wahl kosten. Für Marmelade gibt es eine spezielle italienische Sorte, 'Zucca da Marmellata' (im wahrsten Sinne des Wortes ein Marmeladenkürbis), doch 'Bonbon' ist ein guter Ersatz. Prüfen Sie, ob die Wuchsform zu Ihrer Platzsituation passt: Rankende, großwüchsige Sorten verlangen Platz, können aber an einem starken Gerüst oder an Stützen mit entsprechenden Unterlagen für die Früchte hochgezogen werden; andere Sorten haben einen buschigen Habitus.

PFLANZUNG

Alle Kürbisse und Squashs brauchen einen langen, warmen Sommer und Frühherbst, um prächtig zu gedeihen und vor den Herbstfrösten auszureifen. Säen Sie die Samen Mitte Frühjahr in Anzuchtschalen unter Folie, pflanzen Sie sie in Töpfchen um und im Frühsommer nach den letzten Frösten aus. Die Pflanzen benötigen eine offene, sonnige, warme Lage und nahrhaften Boden mit guter Drainage sowie mindestens 1 m² Platz pro Pflanze (es sei denn, Sie ziehen Sie an einem Rankgerüst hoch).

PFLEGE

Gießen Sie die Pflanzen reichlich, vor allem in Trockenperioden und während der Fruchtentwicklung. Produziert eine Pflanze viele kleine Früchte, schneiden Sie die kleineren bis auf etwa drei pro Pflanze ab, damit sich die verbliebenen zu einer guten Größe entwickeln können. Unterlegen Sie die Kürbisse mit Schieferscheiben oder Kaninchendraht, den Sie über zwei Ziegelsteine spannen, damit sie nicht mit dem Erdreich in Kontakt kommen und faulen.

Binden Sie an Rankgerüsten gezogene Pflanzen in regelmäßigen Abständen jeweils unter einer Blattachsel fest. Befestigen Sie alte Strumpfhosen oder Zwiebel- bzw. Obstnetze unter den Früchten, damit die Ranken unter dem Gewicht nicht brechen.

ERNTE

Ernten Sie die Früchte, wenn sie rundum eine kräftige Farbe angenommen haben und sich beim Daraufklopfen hohl anhören – doch stets vor dem ersten Frost, denn nicht geerntete Früchte faulen dann. Damit sich ihr Aroma voll ausbilden kann und sie bis in den Winter hinein gelagert werden können, lassen Sie die Kürbisse oder Squashs auf einem kühlen, hellen, trockenen Fensterbrett mindestens einen Monat nachreifen.

Für:
- Kürbismarmelade (S. 149)
- Kürbischutney (S. 151)

Kürbismarmelade

Es intensiviert den Geschmack dieser Marmelade ungemein, wenn man den Kürbis vorher röstet. Anstelle des Kürbisses können Sie jede andere Squashsorte verwenden. Wie die Möhrenmarmelade (siehe Seite 115), wird auch diese leicht gewürzt. Meine Herbstvariante der mehrstöckigen Erdbeer-Sahne-Torte, dem britischen Sommer-Klassiker, fülle ich am liebsten mit einer Kürbismarmelade.

ERGIBT etwa 1,2 kg

ZUTATEN

- 2 kg Kürbis, halbiert oder in große Stücke geschnitten und entkernt
- 10 g ungesalzene Butter
- 700 g Kristallzucker
- Saft von 2 Orangen
- 1 TL Gewürzmischung
- 1 TL gemahlener Ingwer
- 1 große Prise Salz

ZUBEREITUNG

- Den Ofen auf 180 °C/Gas Stufe 4 vorheizen.
- Den Kürbis mit der Haut nach unten auf ein Backblech legen, mit Alufolie bedecken und 45–60 Minuten rösten, bis er weich ist. Aus dem Ofen nehmen und abkühlen lassen.
- Das geröstete Kürbisfleisch mit einem Löffel von den Häuten schaben und 900 g der Masse glatt pürieren.
- Die Butter bei schwacher bis mittlerer Hitze in einem großen Topf schmelzen. Dann das Püree zugeben und unter Rühren erhitzen.
- Den Zucker mit dem Orangensaft, den Gewürzen und dem Salz unterrühren und weiterrühren, bis sich der Zucker aufgelöst hat. Vorsichtig zum Köcheln bringen und blubbernd weiterköcheln, bis die Marmelade dick ist und ein Kochlöffel, den man am Topfboden entlangzieht, eine deutliche Spur hinterlässt.
- In warme, sterilisierte Gläser füllen.

Aufbewahren: an einem kühlen, trockenen Ort
Haltbar: mindestens ein Jahr

Anpflanzen
• Kürbis und Squash
(S. 148)

Kürbischutney

Dieses Chutney ist in dieser Rezept-sammlung wahrscheinlich mein größter Stolz. Dank des süßen Kürbis- oder Squashfleischs und nur einem Hauch von Schärfe durch die roten Chili-schotenstückchen, passt es perfekt zu reifem Cheddar-Käse und zu etwa jedem anderen Sandwich, das Sie sich vorstellen können.

ERGIBT etwa 1,2 kg

ZUTATEN

- 2 kg Kürbis oder Squash, entkernt und in große Stücke geschnitten
- 200 g fein gewürfelte Zwiebeln
- 1 EL Olivenöl
- 1 rote Chilischote, das Innere mit den Kernen, dem Fruchtgehäuse und dem Stielansatz herausgeschnitten, fein gewürfelt
- 200 g Rosinen
- 400 g heller Muscovadozucker
- 500 ml Cidreessig
- ½ TL schwarze Pfefferkörner

ZUBEREITUNG

- Den Ofen auf 180 °C/Gas Stufe 4 vorheizen.
- Die Kürbisstücke auf ein Backblech legen, mit Alufolie bedecken und etwa 30 Minuten rösten, bis das Kürbisfleisch auf den Druck der Spitze eines Tafelmessers nachgibt – bei längerer Backzeit zerfallen die Stücke beim späteren Kochen zu sehr. Aus dem Ofen nehmen und abkühlen lassen.
- Zwiebeln und Öl in einen großen Topf geben und bei schwacher Hitze sehr vorsichtig anschwitzen. Unterdessen die anderen Zutaten vorbereiten.
- 1 kg geröstetes Kürbisfleisch in bis zu 1 cm große Würfel schneiden. Die Würfel und die restlichen Zutaten zu den Zwiebeln in den Topf geben und sorgfältig vermischen.
- Bei schwacher Mittelhitze etwa 2 Stunden leise köcheln; d. h. so lange, bis ein Kochlöffel, den man am Topfboden entlangzieht, eine deutliche Spur hinterlässt und alle Flüssigkeit verdampft ist.
- In warme, sterilisierte Gläser füllen und vor dem Verzehr 2 Wochen ziehen lassen.

Aufbewahren: an einem kühlen, trockenen Ort
Haltbar: mindestens ein Jahr

Anpflanzen
• Kürbis und Squash (S. 148)
• Zwiebeln (S. 129)
• Chilis (S. 140)

Aus
DEM KRÄUTER-GARTEN

Küchenkräuter kultivieren

Ein Kräuterbeet ist eine unschätzbare Bereicherung in jedem Küchengarten: Die Möglichkeit, absolut frische Kräuter verarbeiten zu können, verleiht jeder kulinarischen Ambition – auch dem Konservieren – eine neue Dimension. Die hier behandelten Kräuter umfassen nicht nur die wichtigsten, mit denen verschiedensten Konserven Aroma gegeben werden kann, sondern auch jene, die selbst konserviert werden können. Ich empfehle Ihnen, so viele verschiedene Kräuter auszuwählen und anzupflanzen, wie Sie nur können.

BASILIKUM
(Ocimum basilicum)
Einjährig. Basilikum gibt es vom klassisch-süßen bis hin zu anderen Aromen in den verschiedensten Sorten. Ideal ist ein sonniger Standort mit nährstoffreichem Boden, selbst in Töpfen gedeiht es. Guter Begleiter für Möhren und Tomaten. Samenaussaat im Frühling, laufende Nachsaaten bis zum Spätsommer. Pflanzen Sie Basilikum jedoch nicht vor dem Frühsommer, solange Frostgefahr besteht, aus. Die Triebe auszwicken, um Verzweigung zu fördern. In Trockenperioden wässern, vor allem um dem Schossen vorzubeugen. Die Blätter nach Bedarf bis zu den ersten Frösten pflücken.

Verwendung in: Pesto (S. 158)

LORBEER
(Laurus nobilis)
Immergrüner Strauch. An einem sonnigen, warmen Standort oder in einem großen Kübel kultivieren. Kaufen Sie Jungpflanzen, sie sind relativ preiswert; größere Exemplare werden häufig als Bäumchen gezogen. Bedenken Sie: Je kleiner die Pflanze, desto weniger kann man in der ersten Zeit ernten, denn Lorbeer wächst langsam. Wässern nach Bedarf und Topfpflanzen während der Wachstumsphase düngen. Blätter nach Bedarf pflücken.

Verwendung in:
• Brombeermarmelade (S. 72) • Eingelegte Knoblauchzehen (S. 122) • Meerrettichsoße (S. 160)

SCHNITTLAUCH
(Allium schoenoprasum)
Mehrjährige Staude. Kaufen Sie Pflanzen oder säen Sie ihn aus. Schnittlauch gedeiht an den meisten Standorten gut, selbst in feuchteren Böden und an schattigeren Plätzen als mediterrane Kräuter (Rosmarin, Thymian und ihresgleichen). Die Pflanzen müssen nur einmal, wenn das Laub im Herbst braun geworden ist, zurückgeschnitten werden. Schneidet man sie indes auch nach der Blüte ab, bilden sie für den Rest des Sommers frischeres Laub aus. Knoblauch-Schnittlauch (auch Schnittknoblauch genannt) ist ebenfalls eine gute Investition. Laubblätter an der Basis nach Bedarf schneiden (auch die Blüten sind essbar).

Verwendung in: Pesto (S. 158)

KORIANDER
(Coriandrum sativum)
Einjährig. Wie Basilikum (siehe links) säen und kultivieren. Bei den Sorten gibt es auch solche, die speziell auf Blattgrün gezüchtet wurden, da viele andere dazu neigen, zu schnell zu samen. Wenn Sie indes Wert auf die Samen legen, ist das Schossen kein Problem. Ernten Sie die Samen, wenn sie trocken und braun sind, und trocknen Sie sie weiter in einer Papiertüte an einem kühlen, trockenen Ort und füllen Sie sie schließlich in ein luftdicht schließendes Glas.

Verwendung in:
• Eingelegter Rhabarber (S. 110)
• Rote-Bete-Chutney (S. 119)
• Mixed Pickles (S. 139)

DILL
(Anethum graveolens)

Einjährig. Wie Basilikum (siehe links) säen. Halbschattig pflanzen, um frühzeitigem Schossen vorzubeugen; beim Schossen den Blütenstiel entfernen. Blätter nach Bedarf schneiden.

Verwendung in: Eingelegte Gurken (S. 135)

FENCHEL
(Foeniculum vulgare)

Mehrjährige Staude. In voller Sonne pflanzen (toleriert im Laufe des Tages auch ein wenig Schatten). Blätter nach Bedarf schneiden. Die Samen ernten, um der Ausbreitung im gesamten Garten vorzubeugen und, falls gewünscht, in der Küche verwenden. Abgestorbene Stiele im Herbst/Winter zurückschneiden.

Verwendung in:
• Sirupe mit Kräuter- und Blütenzusätzen (S. 164)
• Mixed Pickles (S. 139)

MEERRETTICH
(Armoracia rusticana)

Mehrjährige Staude. Meerrettich gedeiht in den meisten Böden gut und ist glücklich im Halbschatten. Die robuste Pflanze ist praktisch unverwüstlich, hat sie erst einmal Fuß gefasst – denken Sie also gut darüber nach, wo sie in Ihrem Garten stehen soll. Alternativ kann man sie in einen großen Kübel setzen, der nicht mit der Erde in Berührung kommen darf – andernfalls würden sich die Wurzeln unterirdisch ihren Weg suchen (und Ziegelmauern und Plattenwege unterminieren). Kaufen Sie Pflanzen im Topf oder pflanzen Sie Wurzelstücke im Frühjahr. Ernten Sie die Wurzeln nach Bedarf ganzjährig; am schärfsten sind sie allerdings ab Mitte bis Ende Herbst. Graben Sie so viel aus, wie Sie benötigen, und lassen Sie den Rest stehen.

Verwendung in:
• Meerrettichsoße (S. 160)
• Rotes Meerrettich-Relish (S. 120)

ZITRONENVERBENE
(Aloysia citrodora)

Empfindliche sommergrüne Staude. Kaufen Sie sie im Topf und pflanzen Sie sie in sonnige Rabatten aus oder in einen größeren Kübel. Letzterer bietet sich an, wenn Sie die Pflanze ins Winterquartier stellen müssen – im gemäßigten Klima überdauert sie im Freien nur, wenn sie an einem sonnigen, wasserdurchlässigen Standort steht und im Herbst eine Mulchschicht als Kälteschutz für die Wurzeln erhält. Regelmäßiges Pflücken der Blätter schränkt das Wachstum ein (unkontrolliert erreicht sie an einer sonnigen Stelle leicht 2,5 m in Höhe und Umfang). Im Frühling schneiden, um wieder eine gute Gestalt aufzubauen. Blätter nach Bedarf pflücken.

Melisse *(Melissa officinalis)* ist ein akzeptabler, vollkommen winterharter Ersatz für Zitronenverbene. Auch hier steht mit der Zitronenmelisse eine Zitronenvariante zur Verfügung. Wie Minze (siehe Seite 156) kultivieren, allerdings bildet sie keine Ausläufer.

Verwendung in:
• Sirupe mit Kräuter- und Blütenzusätzen (S. 164)
• Heidelbeerkonfitüre (S. 63)

MINZE
(*Mentha* sp.)

Mehrjährige Staude. Toleriert Halbschatten und mag gerne feuchten, gut entwässernden Boden. Es gibt viele verschiedene Aromen, darunter Pfefferminze, Schokominze, die Krause Minze, die dem Spearmint-Kaugummi zu seinem Geschmack verhilft, und Erdbeerminze. Kultivieren Sie sie im Topf oder dort, wo sie ihren Ausbreitungsdrang ausleben darf – die Ausläufer wandern und wurzeln, wo sie können. Nach der Blüte zurückschneiden, um im Spätsommer und Herbst wieder frisches Laub zu bekommen, dann im späten Winter abgestorbene Zweige zurückschneiden. Blätter nach Bedarf pflücken.

Verwendung in:
• Sirupe mit Kräuter-/Blütenzusätzen (S. 164) • Gelees mit Kräuter-/Blütenzusätzen (S. 163) • Himbeermarmelade (S. 53)

GROSSE KAPUZINERKRESSE
(*Tropaeolum majus*)

Einjährig. Kapuzinerkresse gedeiht in jedem Boden in sonniger Lage. Buschige oder kriechende bis kletternde Pflanzen. Letztere eignen sich gut, um die Blattstiele über Hochbeetkanten hängen zu lassen, sie können aber länger als 1,5 m werden. Mitte Frühjahr Samen in Anzuchtschalen oder als Lochsaat säen und im späten Frühling ins Freie auspflanzen. Wässern nach Bedarf und im Winter abgestorbene Pflanzen entfernen. Blätter nach Bedarf pflücken. Auch die Blüten sind essbar, doch lassen Sie einige übrig, damit Samen ausreifen können.

Verwendung in:
• Pesto (S. 158) • Eingelegte Kapuzinerkressesamen (S. 161)

OREGANO/MAJORAN
(*Origanum* sp.)

Mehrjährige Staude. In einen Topf oder an einem Sonnenplatz in gut entwässernden Boden pflanzen. Viele Sorten sind erhältlich, darunter auch kompakte Pflanzen. Abgestorbene Stiele im Winter zurückschneiden. Blätter nach Bedarf pflücken. Auch die Blüten sind essbar.

Verwendung in:
• Gelees mit Kräuter- und Blütenzusätzen (S. 163) • Eingelegte Knoblauchzehen (S. 122)

PETERSILIE
(*Petroselinum crispum*)

Einjährig/Zweijährig. Die meisten Böden und ein sonniger Standort sind ideal, Petersilie toleriert im Laufe des Tages aber auch ein wenig Schatten. Erhältlich sind glatte und krausblättrige Sorten. Im Frühling säen und bis zum Spätsommer stetig nachsäen (Petersilie überwintert unter einer Glasglocke oder einem Tunnel). Guter Begleiter für Möhren und Zwiebeln. Blätter nach Bedarf pflücken und die Pflanzen entfernen, sobald sie zu blühen beginnen.

Verwendung in: Pesto (S. 158)

ROSMARIN
(*Rosmarinus officinalis*)

Immergrüner Halbstrauch. Als Topfpflanze kaufen und an einem Sonnenplatz in gut entwässernden Boden pflanzen. Stämmchen und kompakte Sorten eignen sich gut zum Kultivieren im Topf. Zweige nach Bedarf schneiden und abgeblühte Zweige im Frühsommer entfernen. Schneiden Sie im ersten Jahr nicht zu viele Zweige ab. Lassen Sie die Pflanze erst einmal eine gewisse Größe erlangen, dankt sie es Ihnen mit starkem Wuchs und höheren Ernten über eine längere Zeit. Die Pflanzen überdauern viele Jahre, werden aber am besten nach fünf Jahren ersetzt.

Verwendung in:
• Gelees mit Kräuter- und Blütenzusätzen (S. 163)
• Sirupe mit Kräuter- und Blütenzusätzen (S. 164)
• Rhabarberketchup mit Rosmarin (S.112)
• Mixed Pickles (S. 139)

SALBEI
(Salvia officinalis)

Immergrüner Halbstrauch. Wie Rosmarin (siehe gegenüber) pflanzen und kultivieren. Blätter nach Bedarf pflücken. Durch Beernten verhindert man, dass sich die Pflanze überall ausbreitet.

Verwendung in: • Gelees mit Kräuter- /Blütenzusätzen (S. 163) • Apfelchutney (S. 82)

THYMIAN
(Thymus vulgaris)

Immergrüne Polsterstaude. Viele Sorten sind erhältlich, wobei der echte Küchenthymian und der Zitronenthymian die besten Sorten sind. Wie Rosmarin (siehe gegenüber) pflanzen und kultivieren, doch die Blätter nach Bedarf pflücken und nach der Blüte zurückschneiden, damit sich die Pflanze nicht überall ausbreitet.

Verwendung in:
• Gelees mit Kräuter- und Blütenzusätzen (S. 163) • Sirupe mit Kräuter- und Blütenzusätzen (S. 164) • Karamellisierte Zwiebelmarmelade (S. 130)

BÄRLAUCH
(Allium ursinum)

Krautige Zwiebelpflanze. In lichtem Schatten und feuchtem Boden pflanzen (gedeiht im Wald). Entweder im Herbst aussäen resp. als Zwiebeln pflanzen oder im Frühling als grüne Pflanze pflanzen. Falls gewünscht, die Blüten entfernen, um dem Aussamen vorzubeugen. Blätter nach Bedarf schneiden. Auch die Blüten sind essbar.

Verwendung in: Pesto (S. 158)

Schneiden Sie Zweige von Küchenkräutern stets direkt über einem Blattbüschel oder einer Verzweigung ab.

Pesto

Selbst gemachtes Pesto ist eine ganz andere Nummer als das, was man im Laden bekommt: Es ist geschmacklich bei Weitem aromatischer als die weichen Soßen, die es zu kaufen gibt und vor allem sieht man, was drin ist. Wer verschiedene Blattkräuter kultiviert, kann das ganze Jahr hindurch frisches Pesto zubereiten. Halten Sie sich an die Mengenangaben im Grundrezept und kreieren Sie mit den vorgeschlagenen Blattkräuteralternativen die unten genannten Rezeptvarianten.

ERGIBT etwa 220 g

ZUTATEN
- 25 g Nüsse
- 100 g frische Blattkräuter
- 1 Knoblauchzehe, zerdrückt (nach Belieben, siehe Rezeptvarianten links)
- Abrieb von ½ Zitrone
- 50–100 ml kaltgepresstes Olivenöl
- 50 g Parmesankäse, fein gerieben
- Salz und Pfeffer nach Geschmack

Für die ganz besondere Note

BASILIKUM
Verwenden Sie Basilikumblätter (*Ocimum basilicum*), Pinienkerne und Knoblauchzehen.

MÖHRENGRÜN
Verwenden Sie nur die jüngsten, zartesten Blättchen der Möhren sowie Pinienkerne und Knoblauchzehen.

SCHNITTLAUCH
Verwenden Sie Schnittlauch (*Allium schoenoprasum*) sowie Pinienkerne und Knoblauchzehen.

GROSSE KAPUZINERKRESSE
Verwenden Sie Kapuzinerkresseblätter (*Tropaeolum majus*), Pinienkerne und Knoblauchzehen.

PETERSILIE
Verwenden Sie Petersilienblätter (*Petroselinum crispum*) sowie Walnüsse und Knoblauchzehen.

BÄRLAUCH
Verwenden Sie junge Bärlauchblätter (*Allium ursinum*), Pinien- oder Haselnusskerne, doch lassen Sie die Knoblauchzehen weg.

ZUBEREITUNG
- Die Nüsse in einer Pfanne ohne Fett auf Mittelhitze unter stetigem Rühren anrösten, bis sie duften (das dauert 5 Minuten oder etwas weniger).
- Die Nüsse mit den frischen Blattkräutern, ggf. der Knoblauchzehe und dem Zitronenabrieb in eine Küchenmaschine geben und pürieren, bis die Blätter fein zerkleinert sind. 50 ml Olivenöl hinzufügen und zu einer Paste pürieren.
- Den Parmesan unterrühren und mit Salz und Pfeffer abschmecken.
- In sterilisierte Gläser füllen und so viel Olivenöl darübergießen, dass die Oberfläche 0,5–1 cm hoch bedeckt ist. Das Öl konserviert das Pesto und verhindert, dass es sich braun verfärbt. Nach jeder Entnahme stets mit neuem Öl begießen.

Man beachte: Je nach gewünschter Konsistenz können Sie mehr Öl in das Pesto geben, vor allem, wenn Sie es sofort verzehren. Da das Pesto im Glas mit der Ölschicht versehen wird, finde ich es indes einfacher (und sparsamer im Umgang mit Öl), wenn man das Pesto selbst mit weniger Öl zubereitet, da man bei jedem Verzehr zwangsläufig Öl der konservierenden Schicht mit abschöpft. Hat das Pesto bereits die richtige Konsistenz und bewahren Sie es dann noch mit zusätzlichem Öl auf, wird die Paste zunehmend schwer verdaulich.

Aufbewahren: im Kühlschrank
Haltbar: mindestens einen Monat; nach dem Öffnen einige Wochen

Anpflanzen

• Basilikum (S. 154) • Möhren (S. 113)
• Schnittlauch (S. 154)
• Kapuzinerkresse (S. 156)
• Petersilie (S.156) • Bärlauch (S. 157)

Meerrettichsoße

So mancher hat das Gefühl, dass etwas fehlt, wenn er Roastbeef ohne Meerrettichsoße essen soll. Sie ist sicher eine der schärfsten und intensivsten Würzsoßen, und – wie Sie sich wohl denken können – man hält am besten möglichst großen Abstand zur geraspelten Wurzel! Die Soße entsteht genau genommen in zwei Arbeitsgängen: Zunächst wird die fein geriebene rohe Wurzel in Essig konserviert, dann entnimmt man die benötigte Menge und vermischt sie mit einem Sauerrahmprodukt zur eigentlichen Soße.

Man beachte: Lesen Sie sich das Rezept durch und stellen Sie alle Zutaten und Gerätschaften bereit, ehe Sie mit der Zubereitung beginnen. So vermeiden Sie, dass sich der Meerrettich verfärbt, was nach dem Schälen durchaus passieren kann.

Anpflanzen
- Meerrettich (S. 155)
- Lorbeer (S. 154)

Aufbewahren: im Kühlschrank
Haltbar: mindestens sechs Monate

ERGIBT etwa 225 g konservierten Meerrettich

ZUTATEN
Konservierter Meerrettich:
- 300 ml Weißweinessig
- ½ EL schwarze Pfefferkörner
- 1 Lorbeerblatt
- ½ EL Kristallzucker
- 1 TL Salz
- 600 ml Wasser
- 200–250 g Meerrettichwurzel (mittelgroß bis groß)

Meerrettichsoße:
- 3 EL konservierter Meerrettich
- Crème fraîche oder Crème double (siehe Zubereitung)
- 1 Prise Senfpulver
- Salz und Pfeffer nach Geschmack
- Saft einer Zitrone (nach Belieben)
- Streuzucker nach Geschmack (nach Belieben)

ZUBEREITUNG
- **Für den konservierten Meerrettich** Essig, Pfefferkörner, Lorbeerblatt und Zucker in einen kleinen Topf geben und sachte zum Köcheln bringen, dabei den Zucker unter Rühren auflösen. In einem separaten Topf das Salz in das Wasser einrühren und auflösen, dann aufkochen und vom Herd nehmen. Den Meerrettich schälen und unverzüglich in das heiße Salzwasser raspeln, sodass er nicht braun wird. Den fertig geriebenen Meerrettich in ein Sieb abgießen und mit sauberem Küchenpapier trocken tupfen. Den geriebenen Meerrettich in warme, sterilisierte Gläser füllen und mit dem Essigaufguss übergießen. Sofort verschließen.

- **Für die Meerrettichsoße** den konservierten Meerrettich aus dem Essig schöpfen und mit Crème fraîche oder Crème double bis zur gewünschten Konsistenz verrühren. Eine Prise Senfpulver sowie Salz und Pfeffer unterrühren und nach Wunsch das Ganze zu einer Soße glatt rühren. Man kann Zitronensaft hinzufügen und/oder Zucker, wie im Kochbuch von Sir Kenelm Digby aus dem Jahre 1669 empfohlen: «sehr wenig Zucker, nicht so viel, dass man ihn schmecken würde, doch so viel, dass er den Geschmack des [Meerrettichs] (widersprüchlicherweise) befeuert».

Eingelegte Kapuzinerkressesamen

«Kapern des armen Mannes» werden eingelegte Kapuzinerkressesamen auch genannt, und es könnte zutreffender nicht sein: Die kleinen grünen Samen schmecken auffallend nach Kapern, sind sie erst einmal konserviert (roh sind sie o. k., doch besser sind sie eingelegt). Wenn Sie die grünen Samen ernten, schlagen Sie gleich zwei Fliegen mit einer Klappe, denn dann können sie im nächsten Jahr nicht dort sprießen, wo Sie sie nicht haben möchten. Auf Mengenangaben habe ich hier bewusst verzichtet, damit Sie so viel oder so wenig Gläser füllen können, wie Ihre Pflanzen es erlauben.

ERGIBT so viel, wie Sie wünschen

ZUTATEN
- genügend grüne Kapuzinerkressesamen für ihr/e Glas/Gläser
- feines Meersalz
- Weißweinessig

ZUBEREITUNG
- Die Samen in einem Sieb unter fließendem kaltem Wasser waschen. In eine Schale geben und mit Wasser bedecken.
- Abgießen und das abgegossene Wasser abmessen, um dessen Menge genau zu ermitteln. Die Samen auf einem sauberen Küchentuch trocknen lassen.
- Nun eine Lake herstellen. Dazu rechnet man eine Prise Salz pro Esslöffel (15 ml) Wasser der Wassermenge aus der Schale. Das Salz unter Rühren im Wasser auflösen.
- Die getrockneten Samen zurück in die Schale mit der Lake geben und mit Backpapier bedecken. Bei Raumtemperatur 24 Stunden stehen lassen.
- Die Samen in ein Sieb abgießen und unter fließendem kaltem Wasser abspülen. Wiederum auf einem sauberen Küchentuch trocknen lassen.
- Die Samen in sterilisierte Gläser füllen und mit hinreichend Weißweinessig komplett übergießen. Den Boden der Gläser vorsichtig auf die Arbeitsplatte klopfen, damit Luftblasen entweichen können.
- Verschließen und vor Anbruch 3 Wochen durchziehen lassen. (Ich spüle die Samen vor dem Verzehr gerne unter fließendem Wasser ab.)

Aufbewahren: an einem kühlen, trockenen, dunklen Ort
Haltbar: mindestens sechs Monate

Anpflanzen
- Kapuzinerkresse (S. 156)

Gelees mit Kräuter- und Blütenzusätzen

Als Beilage zu Braten ist ein herzhaftes Gelee vorzüglich (alternativ rühren Sie einen Löffel davon in den Bratensaft). Süße Gelees kann man löffelweise zu einfachen Keksen und einer Tasse Earl-Grey-Tee reichen. Zieräpfel sind als Grundzutat für derartige Gelees bestens geeignet, Kochäpfel sind in pikanten Gelees ein vollwertiger Ersatz und harmonieren mit den Blüten und duftenden Kräutern an sich noch besser. Die besten Küchenkräuter für pikant-herzhafte Gelees sind die, die ein kräftiges Aroma haben, etwa Rosmarin, Thymian, Salbei, Minze, Lavendel und Rose (Blüten).

ERGIBT etwa 500 g (bei Verwendung von Zieräpfeln); etwa 900 g (bei Verwendung von Kochäpfeln)

ZUTATEN

- 1 kg Zieräpfel, halbiert oder Kochäpfel, in Stücke geschnitten
- 1 großer Bund Blütenblumen/Kräuter
- Kristallzucker (100 g auf 150 ml Saft, siehe Zubereitung)
- 75 ml Cidreessig (nur bei herzhaften Gelees)
- 1 kleiner Bund oder einige Zweige Kräuter/Blütenblumen, fein gehackt (nach Belieben)

ZUBEREITUNG

- Die Äpfel mit dem Kräuterbund in einen großen Topf geben und knapp mit Wasser bedecken.
- Einen Deckel auflegen und bei schwacher bis mittlerer Hitze sachte zum Köcheln bringen. Weiterköcheln, bis die Äpfel sehr weich sind.
- Mit einem Kartoffelstampfer sorgfältig zerdrücken, dann den Topfinhalt in einen Passierbeutel geben.
- Den Passierbeutel aufhängen und mindestens 3 Stunden oder besser über Nacht den Saft auffangen.
- Den Beutelinhalt wegwerfen. Die Saftmenge abmessen und mit der entsprechenden Zuckermenge sowie dem Essig (bei einem herzhaften Gelee) in einen sauberen Topf geben. Sachte erhitzen und den Zucker unter Rühren auflösen.
- Ist der Zucker aufgelöst, die Masse aufkochen und sprudelnd weiterkochen, bis das Gelee eindickt (siehe *Gelierprobe*, Seite 32).
- Die fein gehackten Kräuter oder Blütenblumen einrühren, sofern Sie welche verwenden.
- Die Mischung 5 Minuten ruhen lassen, ehe Sie nochmals umrühren.
- In warme, sterilisierte Gläser füllen. Alternativ direkt in die Gläser füllen und einen kleinen Zweig oder eine Blüte so auf die Oberfläche des Gelees eindrücken, dass er/sie vollkommen eingetaucht ist.

Aufbewahren: an einem kühlen, trockenen, dunklen Ort
Haltbar: mindestens ein Jahr

Anpflanzen
- Äpfel und Zieräpfel (S. 76)
- Küchenkräuter (S. 154)
- Blütenblumen (S. 166)

Sirupe mit Kräuter- und Blütenzusätzen

Diese Sirupe sind einfach und schnell gemacht und zweifellos die beste Art, um die Essenz eines bestimmten Küchenkrauts oder einer bestimmten Blütenblume zu bewahren. Die sich ergebende Menge reicht aus, um Kuchen, Pudding oder Eiscreme damit zu beträufeln oder eine Runde Drinks zu machen (versuchen Sie den Sirup doch einmal in einem Cocktail oder auch in weniger Hochprozentigem oder gar als Kräuterlikörersatz). Dieses Rezept eignet sich für jedes Küchenkraut oder jede essbare Blüte, die Ihnen in den Sinn kommen – ob Duftkraut oder pikant. Meine Favoriten sind Rose, Holunderblüte, Zitronenverbene, Duftpelargonie und Blätter der Schwarzen Johannisbeere.

ERGIBT etwa 150 ml

ZUTATEN
- 100 g Streuzucker
- 100 ml Wasser
- 1 Handvoll Kräuterblätter oder essbare Blüten

ZUBEREITUNG
- Den Zucker mit dem Wasser in einen kleinen Topf geben und bei schwacher bis mittlerer Hitze unter Rühren auflösen. Dann aufkochen.
- Die Hitze herunterschalten und 5 Minuten (ohne Deckel) köcheln lassen.
- Den Topf vom Herd nehmen, die Kräuter oder Blüten hineingeben und umrühren, sodass die Blätter/Blüten in den Sirup eintauchen. Einen Deckel auflegen und mindestens 30 Minuten, besser noch 1½ Stunden, ziehen lassen.
- Den Sirup durch ein Sieb in einen Krug abgießen. Dabei die Blüten/Kräuter auspressen, um auch den letzten Tropfen Aroma herauszuziehen.
- In warme, sterilisierte Flaschen füllen.

Anpflanzen
- Küchenkräuter (S. 154)
- Blütenblumen (S. 166)
- Schwarze Johannisbeeren (S. 49)

Aufbewahren: an einem kühlen, trockenen, dunklen Ort; nach dem Öffnen im Kühlschrank
Haltbar: mindestens ein Monat

Blütenblumen kultivieren

Viele Blütenblumen sind essbar und verdienen in der Küche mehr Aufmerksamkeit. Die hier beschriebenen sind meine Favoriten, wenn es darum geht, sie als Gewürz oder sie selbst zu Sirup, Marmelade und Gelee zu verarbeiten. Zudem kann man mit ihnen allen Zucker aromatisieren (siehe *Wie man Zucker aromatisiert*, Seite 29).

SCHWARZER HOLUNDER
(*Sambucus nigra*)

Großer, sommergrüner Strauch oder kleiner Baum. Wächst in den meisten Böden und Lagen. Bietet sich als hübscher Strauch für den Garten an und lässt sich leicht durch einen evtl. erforderlichen kräftigen Gehölzschnitt unter Kontrolle halten. Das in Zentraleuropa heimische Gehölz ist überall in Hecken und Buschwerk zu finden, ob im ländlichen oder städtischen Raum, denn Vögel lieben die Beeren und verbreiten die Samen überall. Auch andere Sorten – es gibt schwarzblättrige und rosablütige – haben essbare Blüten. Kommt es Ihnen auf die Blüten an, sollten Sie Büsche im späten Frühjahr ausfindig machen. Vermeiden Sie aber staubige Straßenränder und potenziell verschmutzte Blüten. Wer einen eigenen Busch anpflanzt, kann solche Gefahren vermeiden. Man pflückt die Dolden, bei denen drei Viertel der Blüten bereits geöffnet sind. Pflücken Sie sie bei voller Sonne, damit sie ihr volles Aroma haben, doch pflücken Sie nicht alle – lassen Sie einige für sich selbst oder die Vögel zu Beeren ausreifen. Blüten wie Beeren müssen stets gekocht werden.

Verwendung in:
• Stachelbeermarmelade (S.41)
• Sirupe mit Kräuter- und Blütenzusätzen (S. 164)

ECHTER LAVENDEL
(*Lavandula angustifolia*)

Immergrüner Strauch. Verwenden Sie zum Kochen stets *L. angustifolia* und nicht den giftigen Schopflavendel oder französischen Lavendel (*L. stoechas*). Von *L. angustifolia* können Sie sämtliche Sorten wählen. Kaufen Sie die Pflanzen im Topf und pflanzen Sie sie in gut entwäs-sernden Boden in sonniger Lage. Ernten Sie die Blütenstängel, wenn sich die untersten Knospen am Stängel öffnen. Binden Sie sie zu Bündeln zusammen und hängen Sie sie kopfüber zum Trocknen auf. Nach dem Trocknen streifen Sie die Blüten von den Stängeln und bewahren Sie sie in einem luftdicht schließenden Behälter auf. Damit die Pflanzen nicht zu ausladend werden, schneidet man die Stängel nach der Blüte bis zu den beblätterten Zweigabschnitten zurück. Lavendelsträucher alle fünf Jahre ersetzen.

Verwendung in:
• Gelees mit Kräuter- und Blütenzusätzen (S. 163) • Sirupe mit Kräuter- und Blütenzusätzen (S. 164) • Heidelbeerkonfitüre (S. 63)

KARTOFFEL-ROSE
(*Rosa rugosa*)

Sommergrüner Strauch. Wächst in den meisten Böden in voller Sonne oder im Halbschatten. Andere Rosen wie die Hunds-Rose (*R. canina*) und die Wildrose *R. moyesii* 'Geranium' liefern zwar auch gute Hagebutten, aber das exzellente Aroma der Blüten und Hagebutten der Kartoffel-Rose machen diese zur ersten Wahl für einen Kräutergarten. Als Solitär erreicht sie rund 1,5 m in der Höhe und im Umfang. Die Kartoffel-Rose sieht etwas unordentlich aus. Will man nur einen oder zwei Sträucher, pflanzt man sie deswegen am besten in die Staudenrabatten. Sie macht sich auch als Hecke gut – dazu die Pflanzen im Abstand von 60 cm pflanzen. Die Blüten haben einen kräftigen Rosaton, darüber hinaus gibt es eine weiße Form ('Alba') sowie die magentafarbene 'Rubra'. Die Pflege beschränkt sich auf das Entfernen der Hagebutten sowie des abgestorbenen Holzes im späten Winter. Pflücken Sie die Blüten nach Bedarf, doch lassen Sie ab Mitte bis Spätsommer einige zu Hagebutten ausreifen. Sie sind erntereif, wenn sie weich und tieforangerot sind. Hagebutten müssen stets gekocht werden (siehe Hagebuttensirup, Seite 168), denn sie enthalten Millionen winziger Härchen, die die Zunge übel reizen würden, äße man die Früchte roh. Falls Sie Hagebutten im Garten von Freunden ernten, versichern Sie sich, dass die Rosen nicht gespritzt wurden.

Verwendung in:
- Sirupe mit Kräuter- und Blütenzusätzen (S. 164)
- Gelees mit Kräuter- und Blütenzusätzen (S. 163)
- Hagebuttensirup (S. 168)

DUFTPELARGONIE
(*Pelargonium* sp.)

Empfindlicher immergrüner Halbstrauch. In kühlen Regionen im Winter auf einem sonnigen Fensterbrett in Töpfen als Zimmerpflanzen kultivieren und im Sommer nach den Frösten nach draußen stellen. In wärmeren Regionen können sie ganzjährig draußen in Töpfen oder im Freiland gezogen werden, wo sie gut entwässernden Boden und volle Sonne bevorzugen. Die Blätter dieser Pflanzen verströmen je nach Sorte die betörendsten Düfte von Rose über Zitrone bis hin zu Muskat und andere, doch allen gemeinsam ist die charakteristische Pelargonium-Basisnote. Zitrus- und Rosendüfte sind meine Favoriten – 'Attar of Roses' ist eine mit dem besten Rosenduft. Hinsichtlich des Zitrusaromas kann man zwischen verschiedensten Zitronen, Limetten- und Orangenaromen wählen. Im Frühjahr zu einer kräftigen Gestalt von etwa 15 cm Höhe zurückschneiden und alle paar Jahre umtopfen. Die Blätter nach Bedarf pflücken; die Blüten sind ebenfalls verwendbar.

Verwendung in: Sirupe mit Kräuter- und Blütenzusätzen (S. 164)

DUFTVEILCHEN
(*Viola odorata*)

Immergrüne Staude. Diese niedrigwachsende Pflanze liebt feuchte Böden und Schatten und ist optimal als Unterpflanzung von Beerensträuchern geeignet. Kaufen Sie sie als Topfpflanzen und kontrollieren Sie genau, ob es sich um die Duftsorte handelt und nicht um eine andere *Viola*-Sorte. Im späten Winter und zeitigen Frühjahr entwickeln sich kleine violette Blüten. Bis auf ein eventuelles Ausputzen der Blätter im Sommer benötigen Duftveilchen keine Pflege. Da sie sich gerne zu Kolonien ausbreiten, sollte man sich genau überlegen, wo man sie anpflanzt.

Verwendung in: Sirupe mit Kräuter- und Blütenzusätzen (S. 164)

Hagebuttensirup

Im *Good Housekeeping Complete Book of Home Preserving* (1981) wird Hagebuttensirup «als schmackhafte Möglichkeit, um Vitamin-C-arme Kost aufzupeppen» empfohlen. Kochen Sie diesen Sirup und verdünnen Sie einen oder zwei Teelöffel davon mit heißem Wasser (oder geben Sie ihn in einen Cocktail) – fertig ist der perfekte Winterdrink. Die Hagebutten der Kartoffel-Rose *(Rosa rugosa)* haben das beste Aroma, doch Sie können Hagebutten von jeder anderen Rose verarbeiten.

ERGIBT etwa 200 ml

ZUTATEN
- 100 g Hagebutten, ohne Stiel und Blütenansätze, geputzt
- 280 ml Wasser
- 60 g Kristallzucker

ZUBEREITUNG
- Die Hagebutten ggf. in der Küchenmaschine sehr fein hacken.
- 160 ml Wasser in einem kleinen Topf aufkochen und die zerkleinerten Hagebutten zugeben.
- Die Masse aufkochen. Dann den Topf vom Herd nehmen und (zugedeckt) 20 Minuten stehen lassen.
- Den Topfinhalt in einen Passierbeutel geben und die Flüssigkeit so lange ablaufen lassen, bis sie nicht mehr tropft – den Beutel nicht auspressen. Den gewonnenen Saft beiseitestellen.
- Das im Beutel verbliebene Fruchtmark mit dem restlichen kalten Wasser zurück in den Topf geben.
- Aufkochen. Dann den Topf vom Herd nehmen und (zugedeckt) 15 Minuten stehen lassen.
- Den Passierbeutel säubern und den Topfinhalt in den Beutel geben und den Saft auffangen. Dieses Mal das Fruchtmark jedoch entsorgen, sobald es nicht mehr tropft.
- Beide gewonnenen Säfte mit dem Zucker in einen sauberen Topf geben und auf Mittelhitze den Zucker unter Rühren auflösen.
- Aufkochen und 4 Minuten kochen. Dann in warme, sterilisierte Flaschen füllen. Da der Sirup nach dem Öffnen nicht lange haltbar ist, füllt man größere Mengen am besten in mehrere kleine Fläschchen ab, statt in eine einzige große Flasche.
- Vor Gebrauch schütteln, da sich der Sirup nach längerem Stehen am Boden absetzt.

Aufbewahren: an einem kühlen, dunklen, trockenen Ort; nach dem Öffnen im Kühlschrank
Haltbar: mindestens neun Monate; nach dem Öffnen etwa eine Woche

Anpflanzen
- Rosen (S. 166)

Weitere Informationen

Die britische Royal Horticultural Society (RHS) ist die unübertroffene Informationsquelle für jeden Gartenfreund: www.rhs.org.uk; allerdings leider nur in englischer Sprache verfügbar. Eine valable deutschsprachige Alternative bietet die Deutsche Gartenbau-Gesellschaft 1822 e.V. an (www.dgg1822.de). Über den Umweg des sehr guten Hortipendiums der Dt. Gartenbau-Ges. (www.hortipendium.de/Deutsche_Gartenbau-Gesellschaft_1822) gelangt man zu hervorragenden Informationen und zu den wichtigen Pflanzen, Krankheiten, Kulturen usw.

Möchten Sie eine Bodenprobe Ihres Gartens machen lassen, so empfehlen wir einen Blick auf www.landwirtschaftskammer.de/verbraucher/garten/gartentipp039.htm oder www.raiffeisen-laborservice.de/boden/gartenbau/probenahme-gartenbau oder www.lms-beratung.de / LUFA Rostock. Diagnosen von Schädlingen, usw. sind möglich bei www.landwirtschaftskammer.de/.../proben/einschicken-krankheiten.pdf)

Suchen Sie auch Schaugärten auf. Viele veranstalten Probier- und Verkaufstage, an denen Sie verschiedene Obst- und Gemüsesorten probieren, kaufen und sich von Fachleuten beraten lassen können.

Sehr hilfreich ist auch www.küchengarten.net, ein Netzwerk von Fachleuten, über das man an viele weiterführende Adressen gelangen kann.

Sie können mich auf Twitter kontaktieren, @Holly_E_Farrell

Register

REZEPTE

Dank

Kein Autor arbeitet alleine. Es unterstützten mich viele Personen, und ohne diese würde es dieses Buch nicht geben. Mir hat es richtig Spaß gemacht, dieses Buch zu schreiben. Deshalb danke ich Helen Griffin und Andrew Dunn von Frances Lincoln, dass sie mir die Gelegenheit dazu gaben. Joanna Chisholm und die Designerin Becky Clarke verstärkten das Team, um die Dinge zu einem Ganzen zusammenzufügen, und Laura Nicolson ließ sich meine endlosen E-Mails gefallen. An Euch alle geht mein Dank.

Aus einem bescheidenen Garten-Kochbuch etwas Schönes zu machen, das war die Aufgabe von Jason Ingram, und er übertraf all meine Erwartungen. Obwohl wir mehrere Tage damit beschäftigt waren, fast alle Marmeladen aus diesem Buch zu fotografieren, gab es nur einen einzigen heiklen Moment: als er mich fragte, ob ich bei den Scones (um des Bildes willen) über meinen Schatten springen könne und die Erdbeermarmelade entgegen meiner lebenslangen Überzeugung auf die Clotted Cream streichen würde und nicht umgekehrt. Als Beweis für Jasons sicheres Auge und seinen exquisiten Geschmack war ich damit einverstanden. Danke.
Rupert und Liz Lywood: Euch danke ich für Eure Großzügigkeit, die ich enorm schätze. Darüber hinaus geht mein Dank an Bedstone Blueberries, the Ludlow Cookshop, South Devon Chilli Farm, Thompson & Morgan und Yorkshire Flowerpots.
Meine Familie – Mama, Rich, Elle und Ollie – schreckte nie zurück, wenn ich einen ganzen Tisch voller Probiergläser präsentierte, ich danke Euch allen, dass Ihr immer bereitwillig zum Löffel gegriffen habt.

Ich glaube, wenn er die Wahl hätte, würde mein lieber Mann es vorziehen, dass ich keine Bücher mehr schreibe die riesige Spülberge mit sich bringen. Er schweigt sich aber darüber aus und unterstützt und ermutigt mich unermüdlich. Danke, Kevin.
Nicht zuletzt ist es aber unsere wundervolle Tochter, die, obwohl erst ein Jahr alt, eine Engelsgeduld bewies, wenn ich arbeiten musste, und mich auch noch kräftig beim Rühren unterstützte. Danke!

Um lange Transportwege zu vermeiden, hätten wir dieses Buch gerne in Europa gedruckt. Bei Lizenzausgaben wie diesem Buch entscheidet jedoch der Originalverlag über den Druckort. Der Haupt Verlag kompensiert mit einem freiwilligen Beitrag zum Klimaschutz die durch den Transport verursachten CO_2-Emissionen und verwendet nachhaltiges FSC-Papier.

: Haupt
NATUR

Die englische Originalausgabe erschien 2017 unter dem Titel
Jam Maker's Garden. Grow your own seasonal preserves.
Copyright © 2017 by Frances Lincoln, einem Imprint der Quarto Group, The Old Brewery, 6 Blundell Street, London N7 9BH, United Kingdom

© Quarto Publishing plc

Der Haupt Verlag wird vom Bundesamt für Kultur mit einem Strukturbeitrag für die Jahre 2016–2020 unterstützt.
Diese Publikation ist in der Deutschen Nationalbibliografie verzeichnet.
Mehr Informationen dazu finden Sie unter http://dnb.dnb.de.

1. Auflage 2018
Aus dem Englischen übersetzt von Waltraud Kuhlmann, D-Bad Münstereifel

Copyright des englischen Textes © Holly Farrell
Copyright der Fotos © Jason Ingram; Foto S. 13 unten
© GAP Photos/Robert Mabic

Herausgeberin: Joanna Chisholm
Design: Becky Clarke Design

ISBN: 978-3-258-08052-9

Printed in China